Francesco Dell'Oro

Cercasi scuola disperatamente

Orientamento scolastico e dintorni

URRA

Cercasi scuola disperatamente •
Orientamento scolastico e dintorni

Autore: Francesco Dell'Oro

Socio Unico Giangiacomo Feltrinelli Editore s.r.l.
Via Natale Battaglia 12, 20127 Milano (Italy)
Telefono: 02289981 – Fax: 0226116334
Email: urra@urraonline.com
Sito web: www.urraonline.com

ISBN 978-88-503-3121-5

Impaginazione elettronica: Edimatica S.r.l.
Editor: Francesca Cristina Cappennani

Finito di stampare nel mese di aprile 2012
presso Grafica Veneta S.p.A. di Trebaseleghe – PD

Sommario

L'insistenza affettuosa di alcune mamme, la richiesta di diversi genitori e insegnanti delle scuole milanesi e anche di alcune colleghe con le quali condivido, ormai da molti anni, la mia attività di formatore, mi hanno incoraggiato a raccogliere in uno scritto alcuni temi e riflessioni trattati nelle mie conferenze.

Il risultato di questo lavoro è rivolto ai genitori, agli insegnanti e agli educatori. Non credo faccia male agli studenti.

Una dedica particolare a due persone.

A mia moglie Mirella.

A mio figlio Aronne, "menestrello delle ferrovie statali", con l'augurio che le stelle e il respiro della musica lo accompagnino e lo proteggano sempre.

Premessa

Un po' di tempo fa, in un convegno sulla scuola, un docente di una università della Lombardia affermava di aver ormai rinunciato ad analizzare i sistemi complessi.

Un'opinione rispettabile ma, da un punto di vista operativo, poco convincente.

Ho sempre trovato, infatti, più rassicurante e professionalmente più utile quanto sosteneva Bohr[1] per far comprendere, in modo originale, il suo "principio di complementarità": "Il contrario di una affermazione vera è una affermazione falsa, ma l'opposto di una profonda verità di solito è un'altra verità profonda".

1 Niels Henrik David Bohr (Copenaghen 1885-1962), fisico e matematico danese. Diede contributi importanti alla comprensione della struttura atomica e alla meccanica quantistica. Bohr verificò che gli aspetti corpuscolari e ondulatori dei fenomeni che avvengono a livello atomico e subatomico erano complementari e, allo stesso tempo, non potevano essere osservati contemporaneamente. Da queste osservazioni che sembravano in contraddizione, ma indispensabili per una conoscenza globale, scaturì una riflessione interessante: esistono diversi modi ma tutti necessari per rappresentare la realtà nella sua totalità, anche se noi non sappiamo collegarli in un unico quadro descrittivo.

In ambito sociopedagogico troviamo un richiamo analogo quando Morin auspica una riforma del pensiero "capace di interconnettere e di solidarizzare le conoscenze separate".[2] Un approccio e una visione sistemica permettono di comprendere e analizzare realtà e contesti con letture, magari diverse, ma assolutamente pertinenti.

Con riferimento alle problematiche relative all'orientamento scolastico, desidero dare voce agli adolescenti. Alle loro richieste di aiuto. Ai loro desideri, le paure, le preoccupazioni, le difficoltà, ma anche alla rabbia, le emozioni, le loro opinioni sulla scuola, gli insegnanti e i genitori.

Mi riferisco a ragazze e ragazzi che incontro, ogni giorno, nelle attività di formazione e di consulenza.

È una lettura, in alcune parti, critica nei confronti della scuola, ma che non ci deve far dimenticare anche una realtà con risorse umane di alto profilo. Con dirigenti, docenti e operatori scolastici che sanno esprimere autorevolezza, competenza e grande professionalità. Persone alle quali dobbiamo sempre essere riconoscenti.

In queste pagine, se la precisazione vi può rassicurare, troverete una lettura di parte.

Dalla parte delle ragazze e dei ragazzi in difficoltà.

È solo, per dirla con Bohr, una delle letture possibili.

---

2 E. Morin, *La testa ben fatta. Riforma dell'insegnamento e riforma del pensiero*, Raffaello Cortina Editore, Milano 2000, p. 101.
Edgar Morin (Parigi 1921), sociologo. Figura importante della cultura contemporanea, fonda nel 1967 la rivista di cultura "Communications". Con *Pensare l'Europa*, vince nel 1987 il premio europeo "Charles Veillon". La teoria dei sistemi caratterizzerà gli studi e le sue ricerche di questi ultimi decenni. Autore di numerosissime opere, fra le quali: *Il metodo. Ordine, disordine, organizzazione*, *La conoscenza della conoscenza*, *Introduzione al pensiero complesso*, *Le idee: habitat, vita, organizzazione, usi e costumi*.

CAPITOLO 1

La memoria

"Questi ragazzi non studiano! Ai nostri tempi invece..." È l'amara e preoccupata considerazione che, molte volte, raccolgo dai genitori e dagli insegnanti.

Mi colpisce, in questi casi, non tanto il riferimento alla scarsa propensione allo studio degli attuali adolescenti, quanto quel richiamo a esperienze scolastiche con alti livelli di responsabilità e di studio che avrebbero caratterizzato gli anni della nostra adolescenza.

Un richiamo che vorrebbe essere, almeno nelle intenzioni, un messaggio utile per le nuove generazioni.

Ma come eravamo ai nostri tempi? Ho avuto, innanzitutto, qualche difficoltà a trovare un riscontro fotografico, anche perché con i tempi ho voluto esagerare.

Problema risolto dall'album di famiglia (figura 1).

Siamo nel 1911. Un secolo fa.

È una classe elementare e piuttosto numerosa: trentotto bambini. Tutti maschi.

Con Tugnin, mio padre, in prima fila.

E, quindi, anche per tranquillizzare qualche burlone di mia conoscenza, non era la mia classe.

Checco, stimato insegnante e mio carissimo amico, piuttosto provato dalle novità ministeriali in materia scolastica, osservando la foto mi ha detto: "Se si continua così, vedrai che, a poco a poco, ci ritroviamo in classe una quarantina di studenti".

Figura 1. La classe elementare 1910-1911.

Ho cercato di rassicurarlo ma con scarso successo. La Gelmini e tutti quei provvedimenti marchiati con il termine "epocale" lo hanno reso spesso insofferente. A volte, decisamente irascibile.

È da qualche anno, ormai, che l'amico Checco chiude spesso i suoi discorsi con uno sconsolato "mala tempora currunt...".

L'immagine dei bambini del 1911 mi ha suggerito anche un'altra domanda: cosa pensavano gli insegnanti dei loro studenti? Come giudicavano gli adolescenti di molti anni fa?

Ho, di nuovo, esagerato con i tempi, ma sono andato sul sicuro. Nel 1849, Raffaello Lambruschini, in un libro dal titolo *Dell'Educazione*,[3] sulla gioventù di allora si esprimeva in questi termini:

3 R. Lambruschini, *Dell'Educazione*, uscito con il titolo *Dell'Educazione e dell'Istruzione*, ma contenente solo il *Dell'Educazione*, Vieusseux, Firenze 1849, in *Della Educazione*, a cura di Mario Casotti, Editrice La Scuola, Brescia 1983.
Raffaello Lambruschini (Genova 1788-1873). Compiuti studi superiori di teologia a Roma, sotto il regime napoleonico viene esiliato in Corsica; stringe amicizia con Gino Capponi, Bettino Ricasoli, Niccolò Tommaseo. Al centro del pensiero peda-

La nostra gioventù è svagata, non sa piegarsi all'applicazione; ad un'applicazione, io dico, profonda e costante... parlo dell'amore allo studio, dell'intensità dello studio, della perseveranza dello studio [...]. A questa svagatezza e svogliatezza, a questo leggero svolazzare dello spirito sopra le più gravi cose, conduce i fanciulli in primo luogo la mobilità del loro animo, la vivacità della loro immaginazione, eccitate oggi più di prima, dalla maggior confidenza che loro si dà, e dal più libero e più allegro lor vivere.

Simpatica ed efficace la rappresentazione dell'organizzazione del tempo studio degli studenti della prima metà dell'Ottocento:

Conduce pure al rimesso e incostante applicarsi, il niun ordine che si impone ai fanciulli nella distribuzione delle ore della giornata. Si impone anche talvolta un ordine: ma egli è così spesso alterato per la più leggera cagione, che il fanciullo non ne tiene conto; e passa a ogni tratto da' balocchi all'applicazione, dall'applicazione a' balocchi; dalla stanza di studio alla camera da letto, alla cucina, o al giardino; ora leggicchia, ora chiacchiera, or canterella; non sa egli medesimo quel ch'egli si faccia, salta come un grillo, vola come una farfalla.

Le considerazioni di Lambruschini possono offrire una più attenta rivisitazione del nostro passato e un'analisi più equilibrata del presente, con qualche spunto interessante per i formatori.

I formatori, genitori e insegnanti, devono trasmettere conoscenze, valori e regole. Le esperienze più significative della loro vita.

Il richiamo all'esperienza, tuttavia, risulta del tutto inefficace quando si caratterizza con il segno del conflitto e della

gogico italiano, dirige la rivista "Guida dell'Educatore"; è redattore del giornale "La Patria"; viene eletto deputato; nel 1859 è nominato ispettore generale delle scuole della Toscana e poi provveditore. Nel 1860 fonda la rivista "La Famiglia e la Scuola".

contrapposizione. Crea distanza e sfiducia. Genera preoccupazione, appare poco credibile e non arriva a destinazione.

Quando un formatore, con pareri e giudizi, trasmette un messaggio non positivo sul passaggio delle generazioni, viene meno a un elementare principio di realtà e di relazione.

Gli adolescenti stanno affrontando quelle problematiche con le quali noi adulti ci siamo misurati molti anni fa, anche se in contesti diversi e, soprattutto, con tempi diversi.

In alcuni colloqui di orientamento, quando si è in difficoltà nel trovare soluzioni utili e immediatamente percorribili, un po' per sdrammatizzare ma anche con senso di realtà dico ai genitori preoccupati e agli studenti presenti che ci vuole un po' di pazienza, anche perché a quel tavolo manca l'esperto più importante: il professor Tempo.

Un maschietto di dodici anni, mentre i genitori rassegnati annuivano e, un po', scuotevano la testa, mi disse: "Ma chi è? Non lo conosco!". Appunto.

Nella fase adolescenziale la variabile "tempo" risulta particolarmente critica e richiede agli adulti autorevolezza, attenzione e pazienza.

Non mi associo, tuttavia, alle lamentele di tipo generazionale. Sono improduttive e, senza offesa, un po' stupide e anche molto "tafazziane" se consideriamo che sono figli nostri.

Per formazione e cultura ma, soprattutto, come genitore sono assolutamente convinto che i nostri figli saranno migliori di noi. Anche per una ragione abbastanza banale: potranno utilizzare le nostre esperienze, quelle positive e quelle meno, i nostri successi ma anche i nostri errori.

Capitolo 2

Mamma Neta

Molti anni fa, un ragazzo di tredici anni di Valmadrera (Lecco) disse a sua madre: "Io non farò quello che hai fatto tu".

In quell'occasione, mamma Neta (Anna) sorrise e, con grande saggezza popolare, gli disse: "Specia bagai, diventa grand!". Traduzione dal dialetto comasco: "Aspetta ragazzo mio, diventa grande!".

Sicuramente fra gli attuali adulti ci sarà qualcuno che, da ragazzo, in qualche occasione avrà pensato o detto: "Io non mi comporterò come i miei genitori!".

È una affermazione tipica della fase adolescenziale. Un pensiero diretto che non fa sconti alle responsabilità e al ruolo dei genitori.

Non è proprio "un pugno nello stomaco", per usare un'espressione un po' forte, ma è un pensiero che fa male.

È solo più avanti, con l'ingresso nell'età adulta, che hai la possibilità di raccontare e giudicare le relazioni genitori-figli in modo più equilibrato e più attento alle esigenze e alla storia di tutti.

Il tempo, verso i vent'anni, sembra quasi accelerare il suo passo: la scuola superiore, la maturità, gli amici, i centri giovanili, un po' di volontariato, le prime cotte, il militare, l'università, il lavoro, il sindacato, le manifestazioni, qualche sciopero, la fase dell'innamoramento e, parlando di futuro, ti ritrovi mezzo addormentato in cucina, alle tre di notte, con un biberon in mano e un bambino affamato che ti guarda con due occhioni e sembra dirti: "Poi giochiamo?".

Sei un genitore.

Confortato e, in qualche modo, garantito dagli studi effettuati, da qualche buona lettura, dalle prime esperienze positive a livello professionale, assumi il tuo nuovo ruolo con entusiasmo e con una certezza: sarai un genitore straordinario.

Proprio come quello che da ragazzo sognavi. Dopo poco, tuttavia, le tue certezze cominciano a vacillare. Ti ritrovi immerso in una serie di difficoltà, fino a poco tempo prima inimmaginabili. Iniziano le prime preoccupazioni.

A fatica, giorno dopo giorno, cominci a comprendere che "funzioni e ruoli genitoriali non sono stabiliti a priori, ma vanno gradatamente chiarendosi e delineandosi all'interno della specifica attività dell'essere genitori e dell'educare".[4]

Lo sai e lo dici a te stesso più volte: i figli hanno il sacrosanto diritto di crescere, di fare esperienze e di costruire una loro personalissima concezione di vita, ma, per quanto ti costi ammetterlo, sei in evidente difficoltà. A volte, decisamente in crisi.

La conferma arriva da un preciso segnale: vai spesso fuori misura. A volte, troppo permissivo, altre, granitico e irremovibile.

Il disagio, in molti casi, si accentua quando tuo figlio frequenta la scuola. Si entra, quasi inconsapevolmente, in una realtà condizionata da un'unica dimensione: il successo scolastico.

A volte basta davvero poco: un calo nel rendimento o, molto semplicemente, una nota, un voto negativo o un insuccesso per determinare forti preoccupazioni e un clima teso e pesante in famiglia.

Eppure lo senti, capisci che la reazione è esagerata, ma non riesci a controllarla e a districarti in quel coacervo di emozioni, aspettative, orgoglio e preoccupazioni che esplodono dentro di te.

4 R. Caldin, *Il bambino di tre-sei anni e la sua famiglia*, in D. Orlando Cian (a cura di), *Il bambino protagonista. Quale educazione?*, Edizioni Unicopli, Milano 1998, p. 63.

Non te l'aspettavi una cosa del genere e ti dà parecchio fastidio. È come se si materializzasse, condizionando i tuoi comportamenti e le tue relazioni, "un pensiero basato su una tautologia: se si va bene a scuola vuol dire che si è bravi, e questo giudizio non ha bisogno di altre conferme; se si va male, non c'è nulla di lui o di lei che possa salvarsi".[5] Nemmeno tu.

In alcuni momenti, addirittura, provi angoscia. Interpreti le pagelle, i voti e le valutazioni scolastiche come un giudizio umiliante e definitivo su tuo figlio e non sulle sue azioni. E, quando questo succede, anche su te stesso.

La tua serenità è fortemente minacciata e turbata da interrogativi ai quali non sai dare una risposta logica e convincente.

"Ma come," pensi, "era il più bravo della classe... fino allo scorso anno leggeva tantissimo. Ora non più. Non riesce a prendere in mano un libro. È intrattabile. Ma cosa è successo? Cosa mi è sfuggito?"

Vivi i problemi e le difficoltà del percorso scolastico e adolescenziale come una sconfitta personale. Con sensi di colpa che fanno male, non riesci proprio a darti pace. Sembra l'inizio della fine.

Forse, ci siamo.

È esattamente uno di quei momenti nei quali tuo figlio potrebbe affermare: "Io non farò quello che hai fatto tu".

In questo caso? Che fare? In attesa di momenti migliori e di soluzioni più efficaci, mamma Neta ti può sempre aiutare: "Specia bagai, diventa grand!".

5 P. Crepet, *Non siamo capaci di ascoltarli. Riflessioni sull'infanzia e l'adolescenza*, Einaudi, Torino 2001, p. 13.

Capitolo 3

Adolescenti e adulti

Il pianeta adolescenza

Il tema dell'adolescenza ha sempre esercitato grande interesse. Se ne discute ai convegni, nei corsi di formazione e negli ambienti di lavoro.

L'attualità porta spesso il cronista di turno a registrare le opinioni dei più noti pedagogisti, psicologi e psichiatri. In genere, i più quotati sul mercato. Le solite facce che, più o meno, ritroviamo in televisione e sui giornali.

Tanto interesse nasce anche dal fatto che, molte volte, da adulti si ha la sensazione di aver smarrito i codici per interpretare questa fase straordinaria della vita. Ci sentiamo in difficoltà. Inadeguati. Un po' apprendisti stregoni.

Non è facile descrivere e interpretare questo mondo straordinario, a volte entusiasmante e coinvolgente, altre volte lontano e quasi inaccessibile.

È il pianeta adolescenza.

Lo psicoanalista britannico Winnicott,[6] figura importante della psicologia dello sviluppo, ne era consapevole e sull'adolescenza si espresse in questi termini: "Esiste una sola

6 Donald Woods Winnicott (Plymouth 1896-Londra 1971), laureatosi in Medicina a Cambridge nel 1923, è stato un medico e psicoanalista famoso per le sue teorie delle relazioni oggettuali. Gli studi sulle interazioni fra il bambino e la madre gli hanno permesso di elaborare alcune teorie interessanti sullo sviluppo psicologico ed emotivo del bambino.

vera cura per l'adolescenza: il tempo che passa e il graduale processo di maturazione...".

L'affermazione di Winnicott, apparentemente banale, trasmette un'immagine condivisibile della fase adolescenziale ma non sembra valorizzare un elemento prezioso dei processi di crescita e di maturazione di una persona: l'imponderabilità.

Nel pianeta adolescenza, quindi, è meglio entrarci... in punta di piedi, magari provando a individuare alcuni punti fermi. In genere, condivisi.

Ogni adolescente è il risultato di una storia, di un vissuto che lo definisce nella sua singolarità e irripetibilità. Le generalizzazioni non sono utili. Molto spesso risultano inefficaci. A volte, dannose.

L'adolescenza, da un punto di vista sociale, è un fenomeno della società contemporanea. Una volta si passava quasi direttamente dall'infanzia alle responsabilità della vita adulta. La maggior parte dei ragazzi, già all'età di undici o dodici anni, veniva proiettata nel mondo del lavoro.

In questi ultimi decenni, invece, l'adolescenza ha assunto caratteristiche diverse e con evidenti contraddizioni.

Ti disturba, soprattutto, il fatto di non essere autonomo. Anche per le piccole spese devi rivolgerti a mamma o papà. A meno che non ci abbiano già pensato i nonni.

In questa fase della vita si vivono, con grandi e forti emozioni, importanti cambiamenti. Prende sempre più forma e si consolida un'identità sessuale, relazionale e sociale.

A livello fisiologico, gli ormoni, prodotti chimici delle ghiandole endocrine,[7] fanno un casino pazzesco. Noi adulti, in modo simpatico e, forse, anche con un po' di nostalgia, definiamo questo periodo come la fase della "tempesta ormonale".

7 Le ghiandole endocrine sono organi a secrezione interna e quindi versano i loro prodotti (ormoni) non in condotti escretori ma direttamente nel sangue e, attraverso questo, raggiungono tutti gli organi e i tessuti. Fra le più importanti: l'ipofisi (pituitaria), le surrenali, le paratiroidi, il timo, l'epifisi (la ghiandola pineale per Cartesio), il pancreas, la tiroide, l'ovaio, il testicolo...

Sono gli ormoni, infatti, a determinare un rapido sviluppo degli organi riproduttivi, la comparsa delle caratteristiche sessuali principali e secondarie e una forte accelerazione dei processi di crescita.

A questo proposito, trovo molto divertenti gli incontri in classe con gli studenti delle classi seconde della scuola secondaria di primo grado.

C'è di tutto: qualche ragazzina o ragazzino non facilmente definibili; ragazze già mature con un aspetto e un atteggiamento tali da non sfigurare in una scuola superiore; qualche maschiaccio alle prese con una crescita prorompente ma insieme a diversi ragazzini serafici con un piede ancora nella tarda infanzia, ancora attaccati al... vasino con l'ochetta, ma già vittime di una deambulazione faticosa dovuta a dei pantaloni con il cavallo alle ginocchia e con il culotto rigorosamente al di fuori per mostrare le mutande, possibilmente di marca.

A livello cognitivo avviene una piccola rivoluzione: il modo di ragionare, di pensare, di riflettere e di comunicare si trasforma.

Piaget[8] definiva lo sviluppo cognitivo della prima adolescenza come il periodo del pensiero operatorio formale.

Per chi non avesse dimestichezza con il pensiero pedagogico di Piaget, significa che, in questa fase della vita, si abbandonano gli schemi rigidi della tarda infanzia e ci si misura sempre di più con il pensiero astratto.

Si impara a discutere, ad analizzare e a storicizzare gli avvenimenti.

8 Jean Piaget (Neuchâtel 1896-Ginevra 1980), laureatosi in Scienze naturali nel 1918 con una tesi sui molluschi, approfondisce con E. Claparède gli studi di psicologia dell'infanzia, ha un forte interesse per la psicoanalisi; resta deluso dalle ricerche di Binet sul quoziente intellettivo. Professore di psicologia dell'età evolutiva, diventa direttore dell'Istituto J.-J. Rousseau. A metà degli anni cinquanta, fonda e dirige il Centro internazionale di epistemologia genetica. Tra le sue opere: *La rappresentazione del mondo del fanciullo*, *Lo sviluppo mentale del bambino*, *La nascita dell'intelligenza nel fanciullo*, *Il linguaggio e il pensiero del fanciullo*, *L'epistemologia genetica* e, in collaborazione con Barbel Inhelder, *La psicologia del bambino*.

Si manifestano, gradualmente, quelle capacità che qualificano e consentono il passaggio all'età adulta: le capacità metacognitive. In altri termini, si strutturano e si rafforzano maggiori livelli di consapevolezza sulle proprie esperienze ed emozioni. Sulla propria vita.

A livello relazionale, avviene uno dei cambiamenti più interessanti perché coinvolge direttamente il mondo degli adulti. Genitori in particolare.

A questo proposito, le ragazze e i ragazzi di seconda e terza media, negli incontri in classe, ci permettono di acquisire informazioni, pareri e sensazioni illuminanti.

Nel loro racconto traspare l'affetto nei confronti dei genitori. A loro devono la cosa più preziosa: la vita.

Riconoscono che mamma e papà, anche quando fanno pasticci, sono e saranno sempre al loro fianco come i più qualificati "compagni di viaggio", ma l'affermazione più comune, sostenuta sempre dal consenso generale, è la seguente: "I miei genitori, quando parlano con me, parlano solo di scuola!".

Tra i banchi, qua e là, si sente sussurrare anche il classico "che palle!". Un po' timidamente. Almeno per ora.

I genitori, spesso, sono preoccupati. Per i loro figli vorrebbero sempre il meglio. Solo che, a volte, esagerano.

È in questo periodo che i genitori passano in secondo piano. Diventa fondamentale il gruppo degli amici. Con loro si sta bene: stessi linguaggi, interessi ed emozioni comuni. Le reti amicali sono sacre.

L'insofferenza alle regole e la richiesta sistematica di una maggior autonomia caratterizzano questa fase particolare dell'adolescenza.

Noi adulti andiamo in grande difficoltà. A volte, in crisi nera. Ed è proprio in questi momenti che i nostri figli possono sorprenderci con alcune richieste di segno contrario, difficili da individuare. Sono le richieste di controllo e di direzione.

Ce ne accorgiamo, per esempio, quando riusciamo a dire, con calma e determinazione, uno di quei "No!" terapeutici di grande utilità pedagogica ma che, purtroppo, abbiamo un po' smarrito strada facendo.

In questi casi, infatti, dopo aver negato la possibilità di fare alcune cose o di prendere determinate iniziative, verifichiamo che i nostri figli, dopo qualche resistenza, non solo non innescano il solito conflitto settimanale ma, addirittura, pochi minuti dopo tornano a essere allegri e contenti. Come se avessimo tolto loro un peso.

Diverse possono essere le chiavi di lettura. Ne segnalo una.

Per molti adolescenti non è difficile dire di no al papà o alla mamma. Contrapporsi. Anzi, qualcuno, esagerando, è già andato... talmente oltre che, forse, è il caso di mandargli un messaggio anche per ridefinire ruoli, responsabilità e relazioni.

Dire di no agli amici, invece, è difficilissimo. Risulta molto problematico fare riferimento a un gruppo, vivere in un gruppo ma pensando cose diverse o partecipando a iniziative che non si condividono.

I nostri figli, quando si trovano in situazioni simili, sono perplessi e preoccupati. A volte intrattabili. Non sanno che fare. Per loro è una questione maledettamente seria, perché scatta il senso di appartenenza.

Da dinamiche di questo tipo può nascere quella richiesta di controllo e di direzione che un intervento autorevole e puntuale di un adulto può soddisfare, togliendo un po' le castagne dal fuoco. Gli adolescenti, infatti, sono in difficoltà: "C'è insicurezza nell'aria... si ha contemporaneamente bisogno di essere controllati e bisogno di libertà e non è facile trovare il giusto equilibrio tra queste due esigenze".[9]

L'adolescenza è l'età delle scelte.

Le ragazze e i ragazzi assumono le prime responsabilità e vogliono iniziare percorsi "senza rete".

Nei primi anni novanta del secolo scorso, uno studente di un liceo scientifico di Merate, in provincia di Lecco, scrive-

9 F. Dolto, *I problemi degli adolescenti*, Tea Pratica, Milano 1998, p. 14.

va sul giornalino di scuola: "La via maestra dell'equilibrio è lastricata di nobiltà e di illuminazione ma, suvvia!, possiamo forse paragonarla al sentirsi persi, disorientati, catapultati fuori dalla propria culla?".

E a suo padre, un giorno, lasciò un biglietto con scritto: "Caro pa', nella vita bisogna crescere, maturare, dare giusto spazio a ogni cassetto. È quello che tu mi stai insegnando e che io sto tentando di imparare... Ma esiste qualcosa, al di là di ciò che è razionale, di molto, molto importante: i sogni".

Con l'adolescenza, per i genitori, inizia il corso di formazione più impegnativo.

Molto più coinvolgente e utile di tutte le buone letture fatte all'università.

Essere genitori è molto bello ma anche molto complicato.

Non esistono i genitori perfetti. Non esiste un manuale e, infatti, con tutte le attenzioni che il ruolo richiede, in realtà, si impara a fare i genitori con un metodo antico: per prove ed errori.

Gli attuali adolescenti lo potranno verificare fra qualche anno.

L'impegno e le anime ferite

Nelle attività di formazione e di consulenza rivolte agli studenti delle scuole secondarie di primo e di secondo grado, incontriamo ragazze e ragazzi in difficoltà. In ritardo nei processi di crescita e di responsabilizzazione.

Adolescenti, a volte, davvero disarmanti.

Due anni fa, Giulia, una ragazza iscritta al secondo anno di un liceo scientifico, si presentò con la mamma nel mio ufficio per un colloquio.

Mi colpì la verve di Giulia. La sua capacità di comunicare e di interagire con un adulto. Si presentava e si confermava durante il colloquio come una ragazza spigliata, intelligente e simpatica.

Il quadro scolastico? ...Un po' diverso. Giulia era in evidente difficoltà.

Mi sembrava di avere davanti due persone, con due ruoli ben distinti.

Il mio tentativo di trovare un legame e una spiegazione a questa strana, ma non insolita, separazione, venne risolto brillantemente dalla prima Giulia che dimostrò di conoscere molto bene la seconda. Quella, per intenderci, che aveva innescato una specie di resistenza passiva con i libri e l'impegno scolastico.

Alla domanda: "Quanto tempo dedichi allo studio?", rispose subito: "Meno di un'oretta". Poi, si fermò un attimo e, sorridendo, ammise: "Diciamo... quarantacinque minuti circa!".

Confesso che ho pensato: "Ora, simpaticamente, la strozzo". Insomma, in presenza di alcune affermazioni e di alcuni comportamenti, viene voglia di strapazzarli un po'.

Viene spontaneo chiedersi dove siano finiti la misura, un minimo di buon senso e il sistema delle priorità. E anche il cervello.

Eppure, proprio in questi casi, il ricordo di ciò che eravamo può aiutarci a esprimere un giudizio più equilibrato e ad assumere un atteggiamento costruttivo, anche perché, insieme alle difficoltà rilevate, sono presenti alcuni interessanti indicatori.

Rimango sempre sorpreso, per esempio, dell'onestà intellettuale e della capacità critica degli adolescenti.

Riconoscono le loro responsabilità. Allo studio dedicano un tempo residuale. Decisamente scarsi i livelli di attenzione e di partecipazione in classe.

Sono sempre altrove. Si muovono per la città, parlano, comunicano e ascoltano costantemente collegati con i loro telefonini e i loro iPod sempre più piccoli, leggeri, invisibili e multiformi: nano, shuffle, classic e touch. Con processori potentissimi e con contenitori pazzeschi di musiche, video e foto.

Nel frattempo, mandano in tutte le direzioni i loro sms sincopati, quasi indecifrabili, senza guardare i tasti e con la velocità della luce. E in questa loro abilità sono proprio dei fenomeni.

Sono ragazze e ragazzi demotivati e, apparentemente, senza interessi e passioni... almeno di tipo scolastico. I libri, i compiti e l'impegno sono puro veleno, ma, per quanto strano possa sembrare, si dimostrano attenti lettori dei contesti scolastici. Apprezzano il docente preparato, anche se eccessivamente severo ma, con la stessa franchezza, individuano e criticano ferocemente il docente incompetente, noioso e non disponibile.

Difficilmente si sbagliano.

Dobbiamo evidenziare, inoltre, un altro dato, non sufficientemente considerato e, in qualche caso, sottovalutato dagli insegnanti e dai genitori. Nelle attività di orientamento scolastico incontriamo, quasi quotidianamente, adolescenti con livelli di autostima precari o inesistenti. Vere e proprie anime ferite.

Un dato preoccupante che richiama la responsabilità di tutti gli attori di un progetto educativo.

Gli insegnanti, da soli, non possono affrontare alcune situazioni di particolare criticità che richiamano il sistema delle relazioni in famiglia, nel contesto sociale di appartenenza e nella scuola stessa.

La relazione educativa, che in alcuni contesti si evidenzia, richiederebbe una formazione più adeguata, competenze e particolari attenzioni. Un cambiamento radicale.

A docenti che quotidianamente esprimono impegno e sensibilità straordinari, si affiancano docenti non adeguati e con comportamenti di basso profilo. Non più tollerabili.

Un processo di cambiamento deve coinvolgere anche i genitori e gli studenti.

I genitori devono qualificare la capacità di direzione e di responsabilità, i livelli di autorevolezza ma anche la disponibilità ad affrontare difficoltà ed eventuali insuccessi, evitando pressioni indebite.

Gli studenti, a loro volta, devono crescere, predisponendo un modello organizzativo con alcune regole e con un sistema di priorità più adeguato alle scelte che accompagnano la loro vita.

I processi di crescita e di maturazione, giorno dopo giorno, richiedono anche la capacità di fare fatica. Facendo cose utili.

La fatica non è un valore in sé. Se si può evitare, meglio. Molto meglio. Ma è un valore importante in quanto variabile intrinseca delle azioni quotidiane, dei processi di crescita personale, culturale e di relazione.

Il linguaggio degli adulti

A volte critichiamo i nostri figli perché non si relazionano con noi. Non comunicano. Sembrano chiusi in un loro mondo, lontano. A volte, incomprensibile.

Eppure, spesso, le ragazze e i ragazzi delle nuove generazioni sentono un forte bisogno di parlare con un adulto. Con la mamma, il papà, un parente, un insegnante, un amico. Con adulti che li sappiano ascoltare.

Vogliono avere la possibilità di esprimere le loro opinioni e, magari in modo conflittuale, le loro emozioni: la gioia, la rabbia, l'inquietudine, le difficoltà, le certezze, i sogni e i desideri. Anche quelli apparentemente più incredibili, senza sentirsi immediatamente giudicati o banalizzati.

Altre volte, invece, ci sentiamo preoccupati e delusi perché i nostri figli non accettano consigli. Anche in questo caso il nostro giudizio è fuori misura. Troppo severo.

Gli adolescenti sono interessati ai nostri consigli. Li sanno valutare e anche apprezzare, ma, insieme ai consigli, vogliono la possibilità di non tenerne conto, senza scatenare ricatti o psicodrammi.

La qualità delle relazioni è determinata da storie, esperienze, sensibilità diverse e da alcune difficoltà. Una di queste, il linguaggio degli adulti, richiede una particolare attenzione.

Il linguaggio degli adulti è il linguaggio delle parole. È il nostro linguaggio, il risultato di un'esperienza di vita che gli adolescenti non hanno.

Il linguaggio delle parole ha un grave difetto. È troppo perfetto. Trova una spiegazione a tutto e maledettamente in fretta. Una modalità terribile per gli adolescenti. In netto contrasto con i tempi e le modalità dei loro processi decisionali.

Immaginate un banale esempio di vita quotidiana. Ore 17.00: un pomeriggio di un giorno qualsiasi.

Siamo a casa. Nostro figlio è nella sua cameretta. Lo vediamo e lo sentiamo allegro e contento.

Passa una ventina di minuti ed ecco, all'improvviso, lo scenario cambia. Nostro figlio è triste, anzi, ha il broncio. Proprio "un muso così"!

Un'alterazione biochimica improvvisa e incontrollabile minaccia seriamente la nostra serenità pomeridiana. Dio mio, che si fa?! Facciamo finta di non essere interessati alla nuova situazione che si è creata, ma in realtà, quasi inconsapevolmente, mettiamo in moto le strategie più sofisticate per sapere velocemente qual è il problema. Non sappiamo aspettare.

In pochi attimi, infatti, riusciamo a materializzare una sorta di "ring" familiare.

Nostro figlio non ha scampo. Si trova messo all'angolo e nella condizione di spiegare, malvolentieri e subito, le ragioni del suo improvviso cambiamento di umore.

Immediata la nostra risposta: "Il problema è questo? Ma, basta fare così... comportarsi in questo modo... ed è tutto risolto!". Cui segue l'immancabile chiusura finale: "Del resto, ti avevo già avvertito!". Insomma, in pochi secondi, segnaliamo un percorso rapidissimo e, secondo noi, risolutivo.

Risolutivo? Forse, ma per chi?

La soluzione del problema rappresenta soprattutto la nostra ansia e la nostra preoccupazione. Non è utile per nostro figlio.

Gli adolescenti sono allergici alle soluzioni suggerite dagli altri. Hanno bisogno di strumenti e di informazioni per affrontare e risolvere le difficoltà.

Hanno bisogno di più tempo e per una ragione non banale: devono sentirsi protagonisti delle loro scelte.

Un approccio diverso, sicuramente più efficace, potrebbe essere: "Hai ragione! Pensiamoci un po'. Ne parliamo questa sera, con il papà o con la mamma. Se vuoi, domani con un tuo insegnante, un amico".

Il linguaggio degli adulti e il linguaggio degli adolescenti hanno codici diversi.

Quello degli adulti è troppo perfetto e, soprattutto, ha un insopportabile senso di direzione. In netto contrasto con i tempi della ricerca adolescenziale.

Il linguaggio degli adolescenti, invece, è meno lineare e logico. Non sempre razionale. Almeno così sembra a noi adulti.

È il linguaggio delle emozioni. Un linguaggio che si manifesta e si muove con modalità e frequenze così diverse dalle nostre da mandarci letteralmente in crisi. Abbiamo, addirittura, la sensazione di non riuscire più a risalire ai codici, alle chiavi di accesso di questo pianeta misterioso dell'adolescenza.

Quando succede, i genitori e gli insegnanti, ma anche tutti coloro che a diverso titolo si occupano di formazione, si sentono smarriti e profondamente delusi. È la conferma, che

> l'analfabetismo nei riguardi dell'esperienza emozionale e delle sue modalità di comunicazione, il disinteresse e la svalutazione di tutto ciò che attiene all'affettività [...] non possono rimanere immutati [...] tanto più se coloro che svalutano l'ambito emozionale sono gli stessi che valorizzano quello cognitivo e, ignorando che processi cognitivi e processi emozionali viaggiano sugli stessi circuiti neuronali e sono inseparabili, si ostinano a rifiutare ogni forma di comunicazione tra di essi.[10]

10 M.G. Contini, *Per una pedagogia delle emozioni*, La Nuova Italia, Firenze 1992, p. 174.

Pedagogia, psicologia e neuroscienze, purtroppo, si muovono quasi sempre per strade parallele, per cui

> è prevedibile [...] che persistano varie difficoltà a riconoscere una tale ovvietà, poiché quello con la biologia e le neuroscienze in generale rimane uno dei tanti "incontri mancati" della pedagogia.[11]

Lo verifichiamo quasi tutti i giorni: il linguaggio delle parole e il linguaggio delle emozioni sono troppo distanti fra loro. È come se rappresentassero gli idiomi degli abitanti di due pianeti diversi.

La comunicazione fra genitori, insegnanti e adolescenti passa attraverso la capacità dei due linguaggi di trovare un punto di incontro che, in teoria, dovrebbe collocarsi a metà strada.

Più operativamente, sono assolutamente convinto che spetta a noi adulti fare qualche metro in più. E, per una volta dalla parte dei genitori e degli insegnanti, con molta, molta, molta pazienza.

Il fiato sul collo

Alcuni anni fa, un ragazzo iscritto alla quinta ginnasio di un liceo classico di Milano si presenta nel mio ufficio con i genitori. Preoccupatissimi.

Luca, diamogli un nome qualsiasi, vuole abbandonare il liceo.

L'ingresso è straordinario. "Professore," mi dice indicando papà e mamma, "non li sopporto più!"

Faccio accomodare Luca e i suoi genitori, piuttosto imbarazzati.

11 *Ibidem*.

Luca si alza dalla sedia, ammette di dedicare poco tempo allo studio e, poi, riferendosi in particolare alla madre, dà luogo a una scenetta simpaticissima.

Andando avanti e indietro e toccandosi ripetutamente con la mano destra la parte superiore sinistra della schiena, aggiunge: "Nel pomeriggio, quando sono a casa, ovunque mi muova, sento la mamma dietro le spalle. Una presenza continua, pazzesca. Non ne posso più!".

Preoccupato di non essere riuscito a esprimere compiutamente il suo pensiero, Luca chiarisce ancora meglio il suo stato d'animo con un altro formidabile esempio: "Quando torno da scuola, appena mi avvicino alla porta di casa, con i piedi sullo zerbino e con la porta chiusa, vengo sempre raggiunto dalla voce preoccupata di mia madre: come è andata?!".

A Luca devo qualche euro. Ho segnalato questo episodio in moltissime conferenze. La prima volta ai genitori degli studenti delle classi terze della scuola media Majno a Milano.

Mentre raccontavo la vicenda di Luca, ho pensato: "Vuoi vedere che ferisco la sensibilità di qualche genitore presente?". Una mamma, forse avendo colto questa mia incertezza, mi ha subito tranquillizzato. Fra le risate generali, disse: "Non si preoccupi, professor Dell'Oro, io lo chiedo al citofono!".

Da tempo, ormai, ho potuto verificare come il citofono sia stato superato dalle tecnologie. Alcuni ragazzi, infatti, mi hanno confermato di ricevere, appena usciti da scuola, un messaggio sul loro telefonino, con un testo che potete immaginare: "Come è andata?!".

Un consiglio ai genitori e, in particolare, alle mamme.

Non chiediamo ai nostri figli, sempre e subito, come è andata a scuola. Se non altro perché alcuni ragazzi e ragazze delle scuole medie entrano in casa velocemente e con un progetto emergente: la pipì.

Vi sembrerà pazzesco, ma ci sono mamme che non sanno proprio aspettare, e, in qualche caso, "l'interrogatorio" continua in bagno.

Saranno casi limite, immagino, ma, vivaddio, lasciamoli respirare. La pipì, soprattutto, va fatta in santa pace.

Facciamo passare qualche ora. Non cambia nulla se il ritornello "come è andata a scuola?" li raggiunge verso sera. Se poi, qualche volta, lo chiediamo il giorno dopo, meglio. Molto meglio.

Educhiamo i nostri figli a raccontarci spontaneamente la loro esperienza scolastica. Magari a scadenze concordate.

Una modalità non semplice da realizzare, ma non impossibile. Di sicuro, altamente responsabilizzante. Insomma, si può fare ma a una condizione: serve una relazione non giudicante.

Ci sono ragazze e ragazzi che, appena tornati da scuola, vogliono raccontare tutto quello che è successo, nei minimi particolari. Ma sono casi isolati.

In genere, soprattutto i maschi, hanno qualche piccolo lutto da elaborare: note sul comportamento, un voto negativo, magari una pagella problematica...

Devono individuare una strategia efficace e l'interlocutore più disponibile. E, infatti, pensano: "Ne parlo prima al papà o alla mamma? Chi è, oggi, il più incazzato o il più nervoso dei due? E se lo raccontassi prima al nonno o alla nonna?".

I nostri figli devono trovare il momento opportuno e le parole. Hanno bisogno di più tempo. Molto di più di quello che noi, in genere, possiamo immaginare. Devono essere responsabilizzati ma, soprattutto, rassicurati.

Negli anni sessanta, un insegnante di italiano del liceo, accortosi di alcune mie difficoltà scolastiche, mi disse: "Caro Francesco, stai tranquillo. Ci sono alcune cose che sai fare benissimo. Altre meno bene, almeno per ora. E, per quanto strano ti possa sembrare, ci sono cose che non sai fare. E questo vale per tutti noi".

Fu una semplice ma importante lezione di vita. Le difficoltà e gli insuccessi fanno parte della nostra esperienza quotidiana. Bisogna saperli accettare, analizzare e ripartire. Per superarli, almeno in parte.

Ai genitori, ma anche agli insegnanti, ricordo sempre che può risultare di grande utilità raccontare alcune difficoltà che hanno accompagnato la nostra adolescenza. Nel rapporto con le piccole o grandi frustrazioni si manifestano livelli di tolleranza assolutamente personali.

Come mai, per esempio, diversi studenti, già nella scuola secondaria di primo grado, cercano di nascondere i voti? Un fenomeno, purtroppo, molto diffuso nella secondaria di secondo grado e anche a livello universitario. Con conseguenze, a volte, molto gravi.

Quando si determina una distanza significativa fra le aspettative che, magari inconsapevolmente, trasmettiamo e i risultati che i nostri figli ottengono, il disagio, la preoccupazione e la sofferenza sono dietro l'angolo. In molti anni di attività professionale, ho notato che i margini di rischio, paradossalmente, aumentano quando siamo in presenza di genitori con un livello professionale e culturale medio-alto.

È incredibile, in alcuni casi, la difficoltà ad acquisire livelli minimi di consapevolezza prima… del disastro. A volte è allarme rosso!

Non mancano, tuttavia, alcuni episodi gustosi ed esilaranti.

Un giorno, una madre, piuttosto disperata, si presentò nel mio ufficio insieme al figlio che frequentava il terzo anno di un istituto tecnico industriale.

Pietro, da tempo ormai, le nascondeva i voti. Anzi, ultimamente, era riuscito a far sparire anche il libretto scolastico.

Ho subito rassicurato la madre, strizzandole l'occhio, come per dirle: "Stia tranquilla, non è certo il primo caso di un ragazzo che vuole nascondere i voti. Vedrà che Pietro svelerà al sottoscritto dove ha nascosto il libretto".

Lo affermai con un'assoluta fiducia nelle mie navigate strategie, commettendo l'errore di sottovalutare Pietro, il quale, dopo alcune mie domande simpatiche ma di tipo esplorativo, si alzò dalla sedia e, allargando le braccia, mi disse: "Professore, lo so, lei non ci crederà, ma il libretto si è bruciato!".

Straordinario! Mi sono trovato in presenza del primo fenomeno di autocombustione di un libretto scolastico.

Che dire? Grande Pietro. La sua spiegazione fu così incredibile, inaspettata e fuori misura che mi ritrovai, incredulo, seduto sulla mia poltrona a ridere veramente di gusto.

Con la madre, ormai, più rassegnata che preoccupata.

La lettura del pensiero e i giudizi

La "lettura del pensiero" è un'espressione utilizzata, ormai, da diversi esperti.

Faccio riferimento, in questo caso, a un interessante libro[12] di Laura Formenti e Ivano Gamelli.

Gli autori sostengono che "la lettura del pensiero" può causare conflitti e incomprensioni nell'adolescenza.

Quante volte, per esempio, viene spontaneo fare affermazioni di questo tipo: "So cosa provi! Sono la tua mamma/il tuo papà... Stai attento!".

Per noi adulti, per noi genitori, è assolutamente normale esprimerci in questi termini. Sono figli nostri. Ma ci sono sensibilità molto diverse e non possiamo avere un accesso privilegiato ai sentimenti di tutti. Non ci sono scorciatoie.

"Il vocabolario degli affetti, dei conflitti, delle emozioni, della conoscenza di sé si forma a poco a poco, e più attraverso l'imitazione e l'esperienza diretta, che non per insegnamento."[13]

La lettura del pensiero può essere un primo segnale preoccupante. Spesso, infatti, è l'anticamera dei giudizi.

Su questo punto, a scuola e in famiglia, due luoghi cruciali nella costruzione della nostra identità, siamo in ritardo. Grave.

Noi adulti non ci rendiamo conto di quanto siano intrisi di giudizi i nostri linguaggi e i nostri comportamenti.

In famiglia: "Non capisci niente!", "Non sei come tua sorella, lei sì che è responsabile!", "Sei solo una grande delu-

12 L. Formenti, I. Gamelli, *Quella volta che ho imparato*, Raffaello Cortina Editore, Milano 1988.
13 Ivi, pp. 19-20.

sione!", "Te l'ho detto e ripetuto un migliaio di volte... ma cosa hai nella testa?".

A scuola: "Sentiamo quella mente eccelsa di ...","Scrivi come un cane!", "La tua intelligenza è sotto la media. Ripassa a diciott'anni quando avrai imparato, forse, a ragionare!".

Sono solo alcuni esempi, ma ne ho raccolti moltissimi dallo "stupidario" scolastico.

Non mancano giudizi inopportuni, intempestivi e maldestri.

Siamo al primo anno della scuola superiore, nel mese di ottobre e, cosa molto grave, senza aver informato preventivamente i genitori: "Non capisci niente! Sei nel corso sbagliato! Lo vuoi capire che non fa per te?! Cambia aria!...".

In quest'ultimo caso, ho chiesto spiegazioni all'insegnante del liceo artistico che si era espressa in questo modo con un ragazzino di quattordici anni. Incredibile la risposta: "Volevo stimolarlo!". E lo diceva seriamente.

Prima di Natale, ho ricevuto da una ragazza questo sms: "Auguri prof, sono quella della gallina". Era un modo, simpatico ma anche un po' triste, per ricordarmi ciò che le aveva detto, davanti a tutti i suoi compagni, la sua insegnante di italiano: "Il cervello di una gallina è più grande del tuo...".

A parziale difesa della categoria degli insegnanti, va detto che, a volte, un po'... te li tirano, ma, con tutta l'attenzione alle difficoltà e alla complessità della professione, questi linguaggi, questi giudizi non qualificano i docenti e testimoniano solo grande preoccupazione e frustrazione. Con un pessimo risultato: feriscono le persone. Chiudono il confronto, la relazione e la disponibilità.

I giudizi determinano, sui ragazzi e le ragazze più fragili e in difficoltà, veri e propri disastri nei processi di autostima, con ricadute negative sulla crescita equilibrata e serena delle persone.

I silenzi degli adulti

Giulio, un simpaticissimo ragazzo di terza media della scuola Tiepolo di Milano, me lo aveva spiegato molto bene, con grande preoccupazione e con un gesto eloquente della mano: “Prof, oggi giornata difficile. A casa tira una brutta aria. Mamma e papà sono molto arrabbiati. Non dicono una parola. Silenzio totale!”.

Eh, sì! Dobbiamo riconoscerlo. Noi adulti, esperti del linguaggio delle parole, quando siamo in grande difficoltà con i nostri figli ricorriamo a quella che riteniamo essere l’ultima risorsa: i silenzi.

Sono la nostra ultima arma. A volte, efficace. Spesso, impropria.

Ci sono tre tipi di silenzi:

- Rivendicativi.
- Tristi.
- Rispettosi e disponibili.

I silenzi rivendicativi sono figli della delusione.

Ci abbiamo provato in tutti i modi. Dapprima con severità e determinazione, poi con disponibilità e comprensione. Risultato: zero assoluto. I nostri figli, quei disgraziati, non si sono mossi di un centimetro.

Si prova rabbia, dolore e ci sentiamo vittime dell’ingratitudine.

Ci siamo. È il momento fatidico in cui esclamiamo: “Fai quello che vuoi!”. Subito dopo scatta il silenzio, mentre un’atmosfera gelida pervade e condiziona tutta la casa.

A nostra insaputa, ma conseguente al nostro comportamento, fra i mobili, gli elettrodomestici e fino alla cameretta di nostro figlio si insinua e si diffonde una perfida nuvoletta, con una scritta a inchiostro indelebile che i nostri ragazzi individuano immediatamente: “Voglio proprio vedere cosa riesci a combinare da solo!”.

I silenzi tristi richiamano emozioni e sentimenti più complessi. Non è ancora l'addio alle armi. Ma ci siamo vicini.

Questi silenzi nascono da una profonda amarezza. Non vediamo vie d'uscita. Ci sentiamo sconfitti.

Scatta una specie di inconsapevole stand-by. Siamo in attesa. Di cosa? Degli eventi. Quali? Non si sa.

Nel profondo di noi stessi, tuttavia, ma proprio in fondo in fondo, confidiamo nel fatto che questo tirare i remi in barca, questa mezza ammissione di sconfitta possa produrre qualcosa. Si spera di buono.

Una sorta di ultima "ratio". Molto irrazionale.

I silenzi rispettosi e disponibili sono i meno facili da attivare.

Se ci riusciamo, sono quelli più efficaci. A volte riescono a delineare una strategia vincente.

Manifestano la capacità di presidiare emozioni, di rinunciare a interventi continui e sistematici e, soprattutto, di realizzare e sostenere una situazione non giudicante. La situazione ideale nella relazione.

In estrema sintesi: rappresentano, appunto, la disponibilità. L'attesa positiva al confronto.

In conclusione, se proprio dobbiamo utilizzare un silenzio, ora sappiamo quale. Riuscirci davvero è molto più complicato.

La cosa sicuramente da evitare è quella di realizzare una sorta di "shakeraggio", passando da un silenzio all'altro e viceversa. Alla perenne ricerca di una strategia vincente.

In questo caso, i messaggi risultano incomprensibili. E fanno danni.

Ovviamente in silenzio.

Il riconoscimento e la stima

> Chi tra gli insegnanti è consapevole che gran parte dell'apprendimento dipende non tanto dalla buona volontà quanto dall'autostima che innesca la buona volontà? [...] Chi si astiene dal mettere a confronto il comportamento di un allievo con quello di un altro, irrobustendo chi è già solido e distruggendo chi è già incerto e malsicuro? [...] Chi ascolta uno studente con interesse riconoscendogli un minimo di personalità su cui egli possa continuare a edificare invece che a demolire?[14]

Ho provato a immaginare le possibili reazioni degli insegnanti, da anni impegnati con passione nel difficile compito di formatori in alcuni istituti non particolarmente privilegiati in termini di risorse e con un'utenza problematica, nel leggere gli interrogativi e i giudizi espressi da Galimberti.

Troveremmo, ne sono certo, opinioni contrastanti.

Alcuni insegnanti potrebbero esprimere una totale condivisione, pensando a quei colleghi che, purtroppo, nel loro lavoro confermano l'opportunità delle riflessioni di Galimberti.

Altri potrebbero manifestare perplessità e stupore rispetto a una lettura ritenuta un po' intellettualoide.

Ma non mi stupirei se, nel merito, volasse qualche deciso "vaffa...".

Il messaggio, comunque, è chiaro e non lascia dubbi o equivoci. Coinvolge direttamente tutti coloro che operano nelle istituzioni scolastiche in qualità di insegnanti e pone in evidenza, in modo critico, alcuni temi centrali che dovrebbero qualificare i processi educativi: la relazione educativa, i

14 U. Galimberti, *L'ospite inquietante. Il nichilismo e i giovani*, Feltrinelli, Milano 2008, p. 32.
Umberto Galimberti (Monza 1942), filosofo. Autore di diverse opere, fra cui: *Psichiatria e fenomenologia* (1979), *Il corpo* (1983), *Invito al pensiero di Heidegger* (1986), *Gli equivoci dell'anima* (1987), *Il gioco delle opinioni* (1989), *Psiche e techne* (1999), una riconsiderazione antropologica dell'uomo, con nuovi scenari in rapporto alla società tecnologica.

giudizi, il riconoscimento, la stima e, quindi, le responsabilità di un formatore.

A questo proposito, non sarebbe male se coloro che hanno responsabilità educative rileggessero i risultati degli esperimenti condotti in una scuola elementare della California dal biologo Robert Rosenthal e dalla psicologa Leonore Jacobson. Si fa riferimento al famoso effetto Pigmalione[15] che, nel nostro caso, testimonia il livello di interdipendenza esistente, per esempio, fra docente e discente, tra educatore ed educando.

Negli anni sessanta del secolo scorso, Rosenthal e Jacobson, volendo misurare il rapporto fra le aspettative degli insegnanti e lo sviluppo intellettuale degli allievi, presentarono in una scuola un gruppo di studenti con la precisazione che, in base ad alcuni test cognitivi, per costoro si potevano ipotizzare risultati straordinari. In realtà erano stati scelti in modo assolutamente casuale.

Dopo alcuni mesi, gli insegnanti confermarono che gli studenti segnalati avevano fatto maggiori progressi rispetto ad altri studenti coetanei, utilizzati dagli esperti come gruppo di controllo.

Cosa era successo? Gli insegnanti, convinti delle potenzialità degli studenti, dimostrarono più attenzioni, più stimoli, più incoraggiamenti e gli studenti reagirono di conseguenza, ottenendo risultati importanti.

I due studiosi, con questo esperimento, sono riusciti a dimostrare quanto l'attesa, le aspettative e l'atteggiamento di stima di un insegnante possano influire positivamente nei confronti degli allievi.

Da questo esempio, un classico della letteratura dell'apprendimento, si possono trarre molte indicazioni sullo stret-

15 Pigmalione, re di Cipro, era anche un abilissimo scultore, ma non pensava mai all'amore. Il suo atteggiamento irritò molto la dea Afrodite che, per punizione, lo fece innamorare di una statua di avorio, da lui scolpita con grande abilità, raffigurante una donna. Pigmalione se ne innamorò a tal punto da arrivare a supplicare Afrodite. Dopo molte resistenze, la dea ebbe pietà di lui e trasformò la statua in una bellissima fanciulla, che Pigmalione poi sposò.

to legame fra la relazione educativa e la qualità delle risposte e dei risultati.

Gli adulti hanno il dovere di dare una direzione, di trasmettere esperienze, conoscenze, regole e valori. Ma questo messaggio arriva solo a una condizione: gli adolescenti devono sentirsi apprezzati e stimati. E, se la precisazione non vi scandalizza troppo, indipendentemente dalle abilità scolastiche.

Gli adolescenti pretendono riconoscimento.

Molti, fra i lettori, avranno già avuto modo di incrociare, su qualche libro di psicologia o di pedagogia, lo schema relativo alle gerarchie dei bisogni definito da Abraham Maslow[16] (grafico 1). Non mi sembra fuori luogo riproporlo e analizzarlo, anche solo con poche righe, in questa sede.

Grafico 1. Le gerarchie dei bisogni di Abraham Maslow.

Maslow ritiene che una persona non sia sufficientemente motivata e quindi non in grado di soddisfare i bisogni di

16 Abraham Maslow (Brooklyn 1908-Menlo Park, California, 1970), psicologo statunitense. Non soddisfatto dell'approccio psicoanalitico e comportamentista, diventò un esponente autorevole della psicologia umanistica. Diede uno dei contributi più interessanti alle teorie sulla motivazione. Tra le sue opere principali: *Motivazione e personalità* e *Verso una psicologia dell'essere.*

crescita (estetici, conoscenza e autorealizzazione...) se prima non è riuscito a soddisfare i bisogni di mancanza (stima, appartenenza, sicurezza, fisiologici ...).

È legittima e condivisibile una critica a questa logica un po' troppo schematica e di tipo sequenziale, tuttavia il pensiero di Abraham Maslow non solo non può essere accantonato superficialmente ma può rappresentare un riferimento indispensabile per tutti coloro che hanno responsabilità educative e formative.

Il messaggio, riformulato, può essere il seguente: i desideri di autorealizzazione, di conoscenza e, quindi, di formazione non possono prescindere dai bisogni di amore e di stima.

Tradotto nello schema di Maslow: i bisogni di crescita hanno una loro indubbia capacità di attrazione, che diventa più forte e significativa se i bisogni di mancanza sono stati e vengono soddisfatti.

Quando noi adulti rivolgiamo, quasi in modo esclusivo, la nostra attenzione al percorso scolastico, rischiamo di non considerare adeguatamente l'adolescente, la sua intelligenza, le capacità, le difficoltà e le sue potenzialità. E, quindi, anche lo studente.

In un suo articolo, Marco Lodoli scrive:

> Noi cinquantenni, cresciuti in una scuola severa, ma sbocciati grazie al vento libertario, temiamo che qualcosa di buono si perda durante il processo educativo, e questo timore ci rende deboli, esitanti, inascoltati. Non ce la facciamo a castigare, dunque ci deprimiamo di fronte all'insolenza. Crediamo sia colpa nostra, di non essere capaci a spiegare Dante come la coppia Eco-Benigni. E a casa non è poi così diverso. I bambini sembrano iscritti da subito al club dei Diritti Assoluti.

E, con riferimento alle soluzioni da adottare, aggiunge:

> Insomma: la frusta non la vogliamo più, però non vorremmo nemmeno gli sputi in faccia. E allora che fare? Nonostante tutto, nonostante qualche delusione, credo che l'amore alla fine

sia più fecondo della caserma, che produca persino risultati migliori.[17]

Sottoscrivo l'invito finale di Lodoli: "Bisogna avere pazienza, insistere, non essere pietre severe e immobili, ma guidare con mano ferma e calda i nostri figli, continuare a vivere insieme a loro: insegnare e imparare".

Ecco un punto fondamentale: insegnare, educare ma anche imparare.

La reciprocità dell'apprendimento e, quindi, del cambiamento rappresenta, per noi adulti, un percorso non facile. Non è indolore. Costa sofferenza, ma è un percorso obbligato, indispensabile per diventare figure significative e autorevoli.

È l'unico percorso utile per trovare quella sorta di *ubi consistam* pedagogico che può qualificare le relazioni fra adulti e adolescenti. Un punto di equilibrio che può garantire condizioni efficaci per incentivare e sostenere un processo di crescita e di maturazione.

Qualche anno fa, in un liceo classico di Milano, alcuni studenti hanno avuto la "brillante" idea di allagare alcuni locali dell'istituto. Il risultato lo conosciamo. Danni ingenti e sospensione delle lezioni. Docenti, genitori e studenti esterrefatti e arrabbiati.

Possiamo immaginare cosa sia avvenuto nelle famiglie dei ragazzi chiamati a risarcire i danni. Almeno me lo auguro.

In occasione di quell'episodio, sugli organi di stampa e in alcuni incontri con "esperti e specialisti dell'emergenza", si scatenò un dibattito feroce. Il sostantivo più gettonato era il seguente: "Delinquenti!".

Un attento osservatore, pur criticando severamente il "fattaccio", scrisse che non si trattava di delinquenti ma di ragazzi che avevano commesso un atto delinquenziale e molto stupido.

17 M. Lodoli, *Piccole belve da ammansire con il cuore*, "la Repubblica", 25 febbraio 2011, pp. 44-45.

La differenza non è trascurabile. Un formatore non deve mai confondere le azioni di una persona con la persona stessa. Il suo fare con il suo essere.

I nostri figli, nei momenti più difficili e anche quando commettono degli errori, devono avere la sensazione che c'è sempre un adulto autorevole e rigoroso che, facendo il tifo per loro, li sa aspettare. Pronto ad aiutarli per metterli nella condizione di modificare i propri comportamenti e di ripartire. Insieme.

Gli adolescenti e la valutazione scolastica

"Sei un ragazzo intelligente ma puoi fare molto, molto di più! Studia!"

È il richiamo, una specie di rimpianto dell'eccellenza che, quasi a scadenze fisse, ha accompagnato il percorso scolastico di molte persone.

Sicuramente anche il mio. Ogni tanto con qualche "rinforzo", ma in negativo: "Non hai buona volontà!".

Tempo fa, ho incontrato Fabrizio, un vecchio compagno del liceo. Dopo tanti anni, mi ha accolto con questa frase: "Ecco una mezzala della madonna!".

Il suo ricordo si fermava alle mie abilità calcistiche.

Calcio, pattini, hockey a rotelle e corse in montagna sulla Grignetta (via Cermenati e direttissima) e sul Grignone (dal Cainallo al rifugio Brioschi o alla Bietti) erano in cima alle mie priorità di adolescente.

I libri c'erano, ma a debita distanza.

Ho faticato non poco a spiegare all'amico Fabrizio che tipo di lavoro faccio ormai da oltre quarant'anni. Una incredulità che, ogni volta che incontro i miei vecchi compagni di scuola e della mia adolescenza, si traduce nella seguente esclamazione: "Ma noo!? Non è possibile!...".

A questo proposito, la psicologia sperimentale non è sempre stata di grande aiuto. Anzi, esaltando la razionalità analitica, ha accentuato una visione di tipo positivistico e deterministico con la convinzione che "l'imprevedibilità dell'uomo non sarebbe sospesa alla sua ontologica natura libera, bensì all'ignoranza di tutte le sue variabili che intervengono in ogni sua azione".[18]

Lev S. Vygotskij,[19] decisamente contrario a una concezione rettilinea dello sviluppo, pur accettando il principio degli stadi evolutivi, sottolineava "le possibili interferenze, le crisi, le involuzioni, le sfasature, le anticipazioni, gli sbalzi, i salti"[20] dei percorsi di maturazione.

Le caratteristiche e i limiti della valutazione scolastica si configurano come indicatori di un sistema formativo non più confacente alle attuali necessità di crescita sociale, culturale ed economica.

Il pensiero dominante della scuola attuale, almeno in diversi istituti, il pensiero di molti docenti e anche quello di alcuni genitori quando la valutazione conferma, con voti elevati, il loro orgoglio personale, richiama una scuola vecchia. Non formativa.

Una scuola che misura persone che di tutto hanno bisogno, affetto, riconoscimento, autorevolezza, competenze, valori, regole, tranne che di essere misurate. Almeno con gli attuali criteri e modalità.

I formatori dovrebbero affidare alla loro sensibilità e competenza anche l'idea che esiste "una zona grigia che non produce comportamenti osservabili, la zona della non linearità dell'apprendimento, che non può essere colta da prove di

18 F. Larocca, *Azione educativa e metodologia della ricerca pedagogica*, dispense dell'Università di Verona, Verona 1994-95, p. 51.

19 Lev Semenovič Vygotskij (Orsha, Bielorussia, 1896-Mosca 1934). Laureatosi in Giurisprudenza, dopo una prima fase in cui si occupò di critica letteraria, approfondì il ruolo della psicologia nell'educazione. Fu vittima della repressione politica durante il regime stalinista. Dopo la sua morte, le sue opere vennero bandite. Il suo pensiero, che richiama il legame fra il contesto sociale e lo sviluppo della psiche, il ruolo delle emozioni e dei comportamenti, ha influenzato moltissimo lo sviluppo della psicologia. Tra le sue opere: *Psicologia dell'arte*, *Storia dello sviluppo delle funzioni psichiche superiori* e l'opera più importante, pubblicata postuma, *Pensiero e linguaggio*.

20 R. Fornaca, *Storia della pedagogia*, La Nuova Italia, Firenze 1993, p. 289.

verifica, per quanto articolate, coerenti e pertinenti rispetto agli obiettivi predefiniti queste possano essere".[21]

Una valutazione chiusa, abbarbicata esclusivamente su categorie scolastiche, risulta cieca e penalizzante. Può determinare problemi importanti nella vita delle persone e rappresenta, innanzitutto, una sconfitta della scuola e degli insegnanti. Mi riferisco anche a una valutazione espressa quasi sempre sul soggetto e raramente sulla qualità dell'istruzione e della relazione educativa.

La realtà sociale, l'agire sociale e i comportamenti nascono, si alimentano, si comprendono e si giudicano nella relazione.

La realtà sociale è fatta ed è impregnata di relazioni.

Con qualche forzatura, vorrei scomodare anche Max Weber, il quale concepiva la relazione sociale come "un comportamento di più individui instaurato reciprocamente secondo il suo contenuto di senso e orientato in conformità",[22] ma, poiché i sociologi potrebbero rimanere inorriditi, lasciamo subito Weber e le sue concezioni idealtipiche dell'azione sociale, per rientrare velocemente in un ambito pedagogico. A noi più consono.

La condotta di una persona trova significati e motivazioni nella capacità di considerare il senso della reciprocità delle azioni e, quindi, della relazione.

In ambito scolastico, giudizi e valutazioni unilaterali non qualificano i formatori, sono inefficaci e di scarso respiro pedagogico. Si configurano come il segnale di un limite e di una difficoltà. Portano più a problemi che a soluzioni.

21 F. Quartapelle, *Proposte per una didattica modulare*, Irrsae Lombardia, Franco Angeli Editore, Milano 1999.

22 M. Weber, *Concetti sociologici fondamentali*, in *Economia e società*, Comunità, Milano 1961, vol. 1, pp. 23-24.
Max Weber (Erfurt 1864-Monaco 1920), riconosciuto come uno dei padri della sociologia. Figura importante e inquieta: intellettuale, economista, storico, politico. Di grande rilievo le sue riflessioni e i suoi studi, di tipo giuridico-economico, sulla società capitalistica moderna, sviluppati, in particolare, nel saggio *L'etica protestante e lo spirito del capitalismo*. La sua opera maggiore è *Economia e società*, pubblicata postuma nel 1921.

La frustrazione della capacità di fare, inoltre, è molto pesante da elaborare per tutte le persone che la vivono.

"La realtà sociale, sempre di più, va chiedendo a coloro che la abitano l'esercizio delle capacità di ascolto, di relazione, di motivazione."[23]

So di andare un po' controcorrente, ma sogno una scuola senza quella insopportabile cappa valutativa che, purtroppo, molte volte la caratterizza, con effetti gravi sulla vita dei nostri ragazzi e con ricadute negative sui comportamenti e le relazioni che, invece, dovrebbero qualificare le dinamiche in classe fra gli stessi studenti e fra gli studenti e i docenti.

I criteri utilizzati nella valutazione scolastica, in alcuni corsi e indirizzi formativi, rappresentano in modo evidente i limiti e i ritardi della nostra scuola, ma anche e soprattutto la nostra incapacità di organizzare una scuola diversa.

Una scuola che valorizzi le intelligenze e non le mortifichi.

La vicepreside di un liceo classico, tempo fa, mi disse di essere seriamente preoccupata perché nel suo Istituto, importante e di grande tradizione, avevano registrato un decremento degli iscritti.

Invitata a riflettere sulle caratteristiche e sulla qualità della relazione educativa e del sistema di valutazione, mi rispose rassegnata: "Provi a dirlo ai miei docenti!".

Alla malora una scuola competitiva. Mi dà la nausea.

Gli adolescenti e la capacità di ascolto

Ognuno di noi, con il classico zapping serale, ha avuto modo di assistere a quei programmi televisivi che trasmettono dibattiti sui temi della politica, dello sport o di altri argomenti che investono la nostra vita quotidiana.

La persona che vuole esprimere il proprio punto di vista, un'opinione, il più delle volte non riesce nemmeno a finire

23 L. Formenti, I. Gamelli, *Quella volta che ho imparato*, cit., p. 2.

una frase o a spiegare un concetto. Viene subito aggredita verbalmente. Altre volte, viene irrisa da coloro che, avversari politici o rappresentanti di un'altra fede calcistica, dovrebbero essere i suoi interlocutori.

Insomma, scene tipo bar sport al lunedì mattina, ma con una differenza: coloro che frequentano il bar, fra un caffè o un cappuccio e una brioche, discutono, si mandano a quel paese, ma, almeno, non si prendono sul serio e, soprattutto, non si ritengono dei *maîtres à penser*.

Nei nostri dibattiti televisivi succede anche questo: mentre tu parli, il tuo interlocutore, colui che ti ascolta o, meglio, colui che ti dovrebbe ascoltare, ti guarda con sufficienza e ride, in genere, scuotendo la testa.

Non gliene frega niente di quello che stai dicendo. È solo preoccupato di trasmettere a coloro che seguono quel programma televisivo che tu stai dicendo stronzate e che sei un deficiente.

Irridere una persona, interromperla sistematicamente mentre parla ed esprime un parere, sembra diventato uno sport nazionale. Anzi, oggi, viene definita e sostenuta come una efficace e indispensabile tecnica di comunicazione.

Chi non la utilizza o non la vuole utilizzare non dà molto affidamento. Sei educato? Rispettoso? Sai ascoltare le persone con le quali parli? Non dovrai partecipare a pubblici dibattiti, soprattutto se televisivi. A un primo esame, inoltre, sembrano mancare i requisiti utili per ricoprire certi posti di responsabilità. C'è, tuttavia, un futuro assicurato... nella categoria dei fessacchiotti, dove verrai inserito velocemente.

E l'educazione? Le buone maniere? Non sono più prioritarie, amici miei.

Popper[24] riteneva la televisione "una cattiva maestra".

24 Karl Popper (Vienna 1902-Londra 1994), filosofo. Deluso dall'ideologia marxista, alla quale aveva aderito per alcuni anni, diventa un sostenitore del liberalismo sociale. Nel 1928 consegue un dottorato in Filosofia e insegna nelle scuole secondarie per alcuni anni. Un'esperienza in Nuova Zelanda e poi in Inghilterra, dove si dedica all'insegnamento della logica e del metodo scientifico presso la London School of Economics. Gli studenti, in genere, lo ricordano per la sua valorizzazione della "falsificabilità come criterio di demarcazione fra scienza e non scienza".

Povero Popper! Si sbagliava, ma per difetto. Ci vuole davvero molta fortuna per trovare un programma decente.

La tv, infatti, può essere un killer micidiale. Presenta, insieme a un diseducativo e stupido martellamento pubblicitario, una realtà aproblematica. Falsa. Vuota di riferimenti alle persone reali e ai valori.

Alimenta, spesso, con le sue trasmissioni una sottocultura nociva per un paese civile.

Su questo tema, il mio amico Checco si mostra irriverente e senza freni: "Caro mio, con l'*Isola dei... deficienti* e *Il grande... bordello*, non ce la caviamo più. In pochi minuti di televisione si distruggono mesi di formazione e di educazione!".

Sul linguaggio si può discutere, ma non sono pochi coloro che condividono le preoccupazioni di Checco. Compreso, ovviamente, colui che scrive.

Lo conferma, in modo più professionale, Massimo Recalcati: "Le famiglie appaiono come turaccioli sulle onde di una società che ha smarrito il significato virtuoso e paziente della formazione, rimpiazzandolo con l'illusione di carriere prive di sacrificio, rapide e, soprattutto, economicamente gratificanti".[25]

Il valore è lo share. L'indice di gradimento televisivo. Gli ascolti.

I contenuti, i messaggi, i valori? Chi se ne frega!

È sempre per gli ascolti, infatti, che in alcune trasmissioni si invitano alcuni noti personaggi pur sapendo, a priori, che violeranno in pochi secondi le più elementari regole di buona educazione, nel totale disprezzo delle persone presenti e degli ascoltatori. Con parolacce, intemperanze e scatti d'ira così ripetuti e fuori misura da far apparire ai nostri adolescenti come normali comportamenti che richiederebbero un Tso (Trattamento sanitario obbligatorio). Anche se temo che certe patologie, soprattutto quelle coltivate con cura e con un eccesso di narcisismo, siano irreversibili.

25 M. Recalcati, *Lettera ad un professore. Come insegnare ai ragazzi il desiderio di nuovi mondi*, "la Repubblica", 29 aprile 2011, pp. 48-49.

E allora? È possibile mantenere in vita e, magari, riproporre un programma intelligente, formativo ed educativo con un indice di ascolti limitato? Sembra proprio di no.

Eppure, una televisione pubblica, ispirandosi a valori condivisi, dovrebbe utilizzare strumenti, tecnologie e competenze per incentivare e sostenere la formazione dei cittadini, perseguendo con determinazione un progressivo aumento degli ascolti.

Il messaggio, invece, che passa nei dibattiti televisivi e anche in molte trasmissioni è insidioso e può avere effetti molto negativi sui comportamenti delle persone più fragili.

È un messaggio altamente diseducativo. È un messaggio di una società che non sa più ascoltare. Una società senza futuro.

Nei colloqui individuali, rivolti alle ragazze e ai ragazzi delle scuole secondarie di primo e di secondo grado, non preoccupano tanto coloro che presentano difficoltà scolastiche, quanto piuttosto coloro che dimostrano una marcata insofferenza all'ascolto.

Adolescenti troppo strutturati. Convinti di essere sempre nel giusto. Assolutamente resistenti a considerare ogni proposta tesa a modificare il loro modello organizzativo.

Ti osservano con sufficienza e ritengono di avere tutto sotto controllo.

Il quadro scolastico è estremamente problematico, ma ti dicono, anche con un po' di fastidio, che non c'è nulla di che preoccuparsi.

Affermano di conoscere perfettamente le cause e di sapere, senza incertezze, come rimediare. Non hanno bisogno di consigli.

Possiamo definirli veri e propri casi di letteratura pedagogica.

Casi che possono richiamare percorsi di adultizzazione, situazioni familiari ad alta conflittualità, disagi o incomprensioni con la realtà scolastica e i suoi operatori.

Non è facile offrire loro un aiuto. Comunicare.

Qualunque invito all'ascolto e alla responsabilizzazione, in genere, cade nel vuoto. Consigli per nuovi modelli organizzativi o strategie per un diverso "dover essere" non risultano efficaci. Non fanno breccia.

Una riflessione su questo tema trova un contesto utile nell'incontro a scuola con gli studenti, uno dei momenti più belli e interessanti da un punto di vista professionale e umano per un formatore.

In queste occasioni ricordo che, quando un ragazzo o una ragazza assumono comportamenti da "bulletti", nel gruppo si ride, ma poi, e gli studenti lo confermano, quando si vuole avere un parere o un consiglio, confidare un piccolo segreto, ricevere un'attenzione o un aiuto, non ci si fida dei "bulletti". Le loro performance hanno vita breve.

Alla fine di ogni incontro lascio questo messaggio: loro, gli studenti delle nuove generazioni, saranno migliori di noi, ma hanno e avranno un compito di grande responsabilità.

Dovranno custodire alcuni valori importanti, oggi quotidianamente minacciati.

Uno di questi dovrà essere difeso strenuamente perché richiama una condizione di base e di civiltà: la capacità di ascolto, di relazione e di rispetto delle persone.

È un valore sul quale si gioca la qualità del futuro delle attuali generazioni e di quelle che verranno.

Capitolo 4

La scelta scolastica

La scelta scolastica e il consiglio orientativo

Da adulti, quando rileggiamo i voti e i giudizi che hanno caratterizzato il nostro percorso scolastico, molte volte abbiamo a che fare con un'immagine che non ci appartiene e con valutazioni che delineano una persona con caratteristiche diverse da quelle che l'esperienza, il lavoro e, magari, studi successivi hanno poi confermato.

Nei posti di lavoro, inoltre, verifichiamo come non esista sempre una linearità fra i titoli formali e le competenze.

Una sorta di equazione imperfetta che, semplificando un po', possiamo tradurre in questo modo: "Bravo a scuola" non significa sempre "bravo sul lavoro", fermi restando i vincoli dei titoli formali.

In questi casi dovremmo chiederci: "Cosa ci è sfuggito? Quando? Perché? Come mai la scuola, a volte, non riesce a intercettare e a valorizzare quelle capacità di relazione, di comunicazione, di soluzione dei problemi, di intuizione e di responsabilità che invece riusciamo poi a esprimere e far apprezzare, da adulti, nei posti di lavoro?".

La risposta potrebbe sembrare ovvia in quanto non è possibile immaginare e prevedere la storia di una persona. Ma non lo è.

Nell'indagine 2010, realizzata dall'Unioncamere-Sistema informativo Excelsior,[26] oltre centomila piccole, medie e grandi aziende del settore privato hanno dichiarato di voler assumere nell'anno 2010, pur in una situazione economica critica (un saldo negativo di 178.390 unità, determinato dal fatto che le uscite sono superiori alle entrate), 242.730 diplomati e 68.800 laureati.

Ecco le principali competenze richieste dalle aziende ai diplomati e ai laureati.

Per i diplomati:

1. La capacità di lavorare in gruppo.
2. L'abilità nel gestire i rapporti con i clienti.
3. La capacità di lavorare in autonomia.

Per i laureati:

1. La capacità di lavorare in gruppo.
2. La capacità di risolvere i problemi.
3. L'abilità nel gestire i rapporti con i clienti.

Se queste sono le richieste delle aziende in materia di competenze, l'attuale organizzazione scolastica, le risorse, i momenti di aula ed extra-aula, le materie, il ruolo del docente, il sistema e i criteri di valutazione, la qualità delle relazioni,

26 Il Sistema informativo Excelsior, promosso e realizzato da Unioncamere in accordo con il ministero del Lavoro e l'Unione Europea, si colloca stabilmente, a partire dal 1997, tra le indagini con obbligo di risposta previste dal Programma statistico nazionale. I dati, raccolti con cadenza annuale su un campione di oltre 100.000 imprese italiane, mettono a disposizione una serie di informazioni sulla domanda di lavoro delle imprese e sulle principali caratteristiche (età, livello di istruzione, esperienza, difficoltà di reperimento, necessità di ulteriore formazione ecc.) delle figure professionali richieste. Viene quantificato il fabbisogno occupazionale (103 province italiane) disaggregato per classe dimensionale e attività economica. Un utile patrimonio informativo di supporto a coloro che devono orientare e facilitare l'incontro diretto tra l'offerta di lavoro e la domanda da parte delle imprese (da note Unioncamere).

il consiglio orientativo che diamo agli studenti delle scuole secondarie di primo grado, sono utili e funzionali alla individuazione delle capacità e delle attitudini dei nostri ragazzi? Alla costruzione dei requisiti di professionalità indispensabili per muoversi nell'organizzazione del lavoro?

Pare evidente, per esempio, l'esigenza di superare una valutazione che si appiattisce solo su saperi scolastici e che si dimostra in difficoltà a leggere e ad ascoltare l'altro, le sue caratteristiche, le capacità, le difficoltà, la sua storia e i suoi progetti.

La scelta scolastica, con l'attuale organizzazione del sistema formativo, si configura per molti adolescenti come una scelta prematura. È una scelta non facile perché viene richiesta in un periodo di grandi cambiamenti. Nel periodo meno adatto.

Noi adulti, dirigenti scolastici, docenti e genitori, ne siamo consapevoli, ma, essendo evidentemente a corto di fantasia, non siamo riusciti a predisporre, attraverso coloro che ci rappresentano in parlamento, un sistema scolastico con percorsi e tempi più adeguati ai processi di crescita e di maturazione.

Per queste ragioni e per sostenere una scelta scolastica consapevole, il consiglio orientativo deve diventare un attento interprete del quadro scolastico, del percorso formativo e, soprattutto, delle caratteristiche della personalità dei nostri studenti.

L'obiettivo principale è quello di registrare le capacità, le criticità ma, soprattutto, le potenzialità degli adolescenti.

Il consiglio orientativo espresso dai docenti della scuola secondaria di primo grado, in diverse scuole, scatena tensioni e dinamiche incredibili fra studenti, genitori, docenti e dirigenti scolastici.

Alcune osservazioni:

- Le indagini effettuate in alcune scuole secondarie di primo grado confermano che gli studenti che seguono il consiglio orientativo dei docenti hanno, nella maggior parte dei casi, un esito positivo al primo anno della scuola secondaria di secondo grado.

- Occorre rilevare un altro dato, statisticamente minore, ma che dimostra, a conferma della complessità del problema, l'inadeguatezza, i limiti e le difficoltà nella formulazione del nostro consiglio orientativo. Su alcuni studenti, infatti, ci siamo proprio sbagliati.

Sul rapporto tra consiglio orientativo, scelta scolastica ed esiti alla fine del primo anno delle scuole superiori, bisogna predisporre un'indagine più articolata, con variabili e categorie interpretative più coerenti con i diversi contesti formativi. A parità di corso, per esempio, si registrano sensibili differenze nella definizione e gestione dei criteri di valutazione fra le diverse scuole e i diversi istituti.

Non credo sia un mistero affermare che in alcuni istituti paritari il sistema di valutazione degli studenti è interpretato con più attenzioni e, se l'immagine non infastidisce, "a maglie più larghe".

Conosco le critiche, ma, se escludiamo alcuni eccessi, questo dato merita un approfondimento con riferimento ai contesti, alle relazioni e ad alcuni casi specifici.

Ai fini dell'indagine sul rapporto tra scelta scolastica, consiglio orientativo e risultati agli istituti superiori, è indispensabile differenziare e ridefinire alcune voci nella codifica e nella interpretazione dei dati.

Ritornando al consiglio orientativo e alle iscrizioni alla scuola secondaria di secondo grado:

- Manca, nelle diverse scuole e fra i docenti, la condivisione di un sistema di criteri omogeneo nella formulazione del consiglio orientativo.
- Le richieste delle scuole superiori, troppo diverse da scuola a scuola, non fanno che complicare il tutto. Alcune pretendono il consiglio orientativo. Altre no.

Qualche scuola ha inventato i test d'ingresso. Per alcuni istituti la formulazione "Può iscriversi a qualsiasi liceo..." è accettata. Da altri, no! Pretendono un'indicazione precisa.
Il tutto, si dice, all'insegna dell'autonomia e della qualità. Le intenzioni, probabilmente, vanno in quella direzione, ma il risultato è scoraggiante. Una sorta di caos generalizzato, almeno per come viene vissuto dai genitori, dagli studenti e dagli insegnanti al momento della formulazione del consiglio orientativo.

- La cancellazione dei bacini d'utenza, a Milano, ha permesso di togliere alcuni vincoli, ormai anacronistici, per l'accesso alle istituzioni scolastiche, ma, ora, siamo passati da un eccesso all'altro. Studenti che abitano a duecento metri da un liceo scientifico e con un consiglio orientativo coerente, si vedono togliere la possibilità di accesso a favore di altri studenti che vengono da paesi limitrofi. È evidente l'esigenza di riconsiderare, in termini diversi, un disegno territoriale in modo che risulti improntato alla funzionalità e al buon senso.

- Una maggiore uniformità nella definizione dei criteri di verifica e di accettazione delle domande di iscrizione da parte degli istituti superiori è auspicabile, ma potrebbe essere favorita da una iniziativa istituzionale dei vari uffici scolastici a livello provinciale e regionale e anche da un maggior coordinamento delle scuole secondarie di primo grado.

- Il consiglio orientativo, in molti casi, piove dall'alto nel mese di dicembre. Una sorta di giudizio terribile. Almeno così è vissuto da genitori e studenti. Abbiamo raccolto telefonate di genitori in lacrime. Sicuramente esagerano, ma, forse, è opportuno qualche correttivo.

- Il consiglio orientativo dovrebbe configurarsi come il risultato di un percorso di ricerca. Con confronti periodici

fra studenti, genitori e docenti, a partire dalla seconda media. Incontri mirati a quell'obiettivo.
Si tratta di definire un percorso responsabilizzante per tutti. In particolare per gli studenti, i quali, in presenza di alcune perplessità o di pareri differenti espressi dai docenti, potrebbero fare un salto di qualità nel loro percorso formativo.
L'ideale sarebbe pervenire, nel momento del consiglio orientativo, a una scelta condivisa. Ferma restando, ovviamente, la possibilità per docenti, genitori e studenti di confermare, nella fase decisionale, ruoli, responsabilità e pareri diversi.

Nel merito del consiglio orientativo è opportuno fare qualche approfondimento...

Il consiglio orientativo e i falsi messaggi

"Vuoi sapere qual è il criterio che utilizziamo nella formulazione del consiglio orientativo?" mi diceva, molti anni fa, un rassegnato docente di una scuola secondaria di primo grado. "È molto semplice. Quelli bravi li mandiamo al liceo, i meno bravi ai tecnici, se hanno difficoltà scolastiche agli istituti professionali e gli sgarrupati alla formazione professionale."

Lo schema, un po' provocatorio ma molto diffuso, è figlio di una organizzazione scolastica basata su gerarchie molto opinabili.

È uno schema che, in qualità di docenti, applichiamo con una certa lucidità ai figli degli altri ma non ai nostri.

Alcuni anni fa, durante una conferenza che ho tenuto in una scuola media della provincia di Milano, una docente, referente per l'orientamento scolastico, intervenne duramente nei confronti dei genitori presenti, rimproverandoli perché non avevano seguito il consiglio orientativo della scuola.

A fine conferenza, in una pausa caffè, ho sentito la stessa insegnante confidare a una collega: "Pensa, a mio figlio avevano consigliato di iscriversi a un istituto professionale. Ma ti sembra possibile?! Roba da matti! Io non ho avuto dubbi. L'ho iscritto al liceo scientifico".

L'esempio conferma come per i nostri figli, in genere, esploriamo tutte le strade possibili ma in quello che riteniamo essere il segmento alto della formazione: i licei.

È del tutto evidente che nel modo di rappresentare la scuola, nel modo di pensarla e di viverla c'è qualcosa che non va. Qualcosa di profondamente sbagliato. Alle fondamenta.

I corsi esistenti nella scuola secondaria di secondo grado presentano caratteristiche e richieste diverse in termini di impegno e studio, ma i criteri utilizzati nella definizione di un consiglio orientativo sono fuorvianti. Sicuramente non utili.

È come se delineassimo una strana società divisa in due categorie: i poeti e i meccanici. Una curiosa organizzazione sociale che sembra sottintendere due altre categorie non dichiarate: gli intelligenti e quelli meno.

In queste schematizzazioni è presente una delle cause principali del disagio scolastico: la separazione tra il sapere e il saper fare, tra le conoscenze e le capacità operative, tra la cultura e la pratica.

Dicotomie che devono e possono essere superate valorizzando una categoria diversa del sapere, come sintesi perfetta del sapere, saper fare e saper essere: le competenze.

Le competenze devono investire tutti i corsi esistenti e tutti i profili professionali: i poeti e i meccanici, i ragionieri, i medici, gli idraulici, gli insegnanti, i cuochi, gli odontotecnici, i commercialisti, i pizzaioli...

In un incontro con gli studenti, Ivan, un ragazzino di terza media, espresse il suo desiderio di fare il cuoco.

I suoi, in questo caso, spietati compagni di classe accolsero l'idea con una fragorosa risata che demoralizzò il nostro aspirante cuoco e che mi fece, per un attimo, letteralmente imbestialire a tal punto che regalai ai presenti la versione seria del prof. Dell'Oro.

Sono bastati, poi, pochi minuti per recuperare un clima più rispettoso, simpatico e collaborativo. Ma solo dopo qualche spiegazione alla classe sui seguenti punti:

- le caratteristiche dei corsi dell'istituto alberghiero. Le materie, le attività di laboratorio, gli stage in azienda;
- le certificazioni e i diplomi previsti;
- le ottime opportunità di lavoro dopo l'esame di stato del quinto anno;
- la possibilità di qualificare ulteriormente le competenze professionali laureandosi nei corsi universitari, con particolare riferimento ad alcuni percorsi mirati nel campo dell'alimentazione e della ristorazione.

Il risultato fu straordinario: il nostro aspirante chef, immaginando di essere il dottor Ivan esperto in Scienze dell'alimentazione, recuperò, in poco tempo, colore e fiducia in se stesso.

I suoi compagni, modificando immediatamente il loro atteggiamento, si mostrarono sorpresi, incuriositi e, soprattutto, consapevoli di ignorare una serie di informazioni utili.

Una risata liberatoria chiuse "l'incidente", ma solo dopo aver strappato a Ivan la promessa, una volta diventato chef, di preparare un ottimo pranzetto per il sottoscritto e per tutti i suoi compagni.

I luoghi comuni e la magia di un percorso

Qualche mese fa, in una scuola secondaria di primo grado, cercavo di capire le scelte scolastiche ipotizzate da un gruppo di ragazze e ragazzi di una classe terza.

Un ragazzino del primo banco, timidamente, mi segnalò la sua intenzione di iscriversi a un liceo scientifico. Non aveva terminato di esprimere il suo desiderio che lo "sventurato" venne travolto dall'insegnante presente: "Cosaaa? Cosa vuoi fare tu? Al massimo potrai iscriverti in un istituto tecnico!".

Il risultato lo potete immaginare: il ragazzo non aprì più bocca, rimase fermo e annichilito nel suo banco. Ferito e chiuso nel suo magone.

Il sottoscritto e la docente presente non riuscirono, poi, a ricostruire il percorso che aveva determinato quell'idea, quella decisione. In base a quali informazioni? Per via amicale? Su pressione dei genitori? Per scelta personale? Magari ipotizzando un progetto, per quanto fragile, di riorganizzazione e di rimotivazione allo studio? Insomma un'occasione persa.

I compagni dello "sventurato" lasciarono l'aula, per la ricreazione, con due certezze.

La prima: il loro compagno del primo banco doveva essere, scolasticamente, una specie di *minus habens*.

La seconda: gli istituti tecnici erano corsi da evitare.

Perfetto!! Con un intervento infelice abbiamo ferito una persona e buttato discredito su istituti che hanno rappresentato la base formativa di moltissimi professionisti.

In quell'occasione, al sottoscritto rimase poi l'imbarazzo di presentare, nell'ora successiva, le caratteristiche degli istituti professionali e dei corsi di istruzione e formazione professionale, nemmeno previsti e contemplati nell'immaginario formativo di alcuni docenti.

Mi sorprende e mi preoccupa, nella fase di preparazione e di definizione del consiglio orientativo, questa strana relazione che si stabilisce con gli studenti e che porta noi insegnanti a esprimere un approccio "in negativo".

Mi riferisco, cioè, ad attività e interventi di orientamento che, in diversi casi, travolgono le ragazze e i ragazzi delle scuole secondarie di primo grado rimarcando quello che non possono fare invece di valorizzare la storia, le esperienze e la qualità di corsi e istituti che potrebbero sviluppare al meglio stili cognitivi, attitudini e potenzialità.

I nostri studenti, inoltre, devono difendersi da una serie di curiosi luoghi comuni che trasmettiamo, forse inconsapevolmente, a scuola e in famiglia.

"È bravina, mandiamola all'ex magistrale" (oggi: scienze umane).

"Si è iscritto all'istituto tecnico industriale (oggi: istituto tecnico, settore tecnologico), peccato! studiasse di più, potrebbe fare lo scientifico."

Ma è sul liceo classico che, a volte, diamo il meglio di noi stessi: "È l'unico corso che apre la mente...". A questo proposito, il mio amico Checco si esprime così: "Non è mica un reparto di... neurochirurgia".

Checco, ormai, lo conosciamo, ma con il suo linguaggio irriverente e un po' fuori misura, pone un problema che richiede un serio approfondimento: il rapporto fra la formazione e le competenze.

Ritengo possa essere condivisibile l'idea di recuperare una virtù che non dovremmo mai dimenticare: il buon senso.

Il liceo classico è un ottimo corso di studi, ma una sua rappresentazione esclusiva risulta fuorviante e dannosa. Non produce nulla di buono, anzi, molte volte, disastri inutilmente annunciati.

L'esperienza professionale consegna, quotidianamente, esempi che dimostrano come non siano le caratteristiche dell'indirizzo formativo scelto a garantire e a qualificare una adeguata preparazione culturale, le competenze di relazione, di comunicazione e le capacità di gestione e soluzione di problemi.

"Il corso che apre la mente", se proprio vogliamo usare questa espressione, è quel corso di studi che uno studente deve seguire e vivere con impegno ma con un minimo di passione e interesse.

Un po' di tempo fa, ho avuto modo di ascoltare il consiglio di una insegnante a un ragazzino di terza media: "Ti sei iscritto allo scientifico? Attento! C'è la matematica!".

L'insegnante voleva esprimere la sua preoccupazione per una scelta scolastica giudicata piuttosto inadeguata, ma, per un attimo, ho avuto quasi la sensazione di trovarmi di fronte a una curiosa e originale rivisitazione della favola di Cappuccetto rosso. Lupo compreso.

Devo precisare che, nel caso specifico, la preoccupazione di quell'insegnante era abbastanza fondata, ma l'episodio mi ha suggerito una domanda: perché una materia ci deve investire con le sue difficoltà e, quasi mai, con la sua magia e il suo valore strategico?

Le materie meno amate dagli studenti delle scuole secondarie di secondo grado, almeno a quanto risulta al nostro osservatorio, sono, in ordine, matematica e storia.

Prima delle vacanze di Natale, in un compito in classe, il docente di un liceo classico di Milano ha richiesto ai suoi studenti, con estrema precisione, una quarantina di date.

Povera storia! Arriverà certamente un giorno nel quale noi insegnanti impareremo a essere meno fiscali nel pretendere, a memoria, un'infinità di date e i nomi dei vari campi di battaglia.

La storia, approfondita e verificata in questo modo, sembra assomigliare più a un qualcosa a metà fra l'ufficio dell'anagrafe e il pronto soccorso.

Il compito di un insegnante è quello di raccontare, con passione e competenza, la memoria di coloro che ci hanno preceduto in campo sociale, politico, economico, letterario e artistico.

Coloro che insegnano storia dovrebbero rileggere l'invito di Montaigne, il quale auspicava che il precettore imprimesse "nella mente del suo discepolo non tanto la data della distruzione di Cartagine, quanto piuttosto i costumi di Annibale e di Scipione, e non tanto dove morì Marcello, quanto perché fosse indegno del suo dovere che egli morisse là. Non tanto gli insegnino le storie, quanto piuttosto a giudicarle".[27]

27 M. de Montaigne, *Saggi. Dell'educazione dei fanciulli*, a cura di F. Garavini, Adelphi, Milano 2007, cap. XXVI, p. 206.
Michel de Montaigne (Bordeaux 1533-Saint Michel de Montaigne 1592), filosofo, scrittore e politico francese. Fu sindaco di Bordeaux, scettico, con una fede sincera ma anche continui dubbi. Si avvicinò anche un po' all'agnosticismo. Autore dei *Saggi*, ai quali lavorò a partire dal 1571; diede alle stampe i primi due volumi nel 1580 e il terzo nel 1588. I *Saggi* sono un vero capolavoro che mantiene ancora oggi la sua freschezza e godibilità. Disse Montaigne: "Non sono tanto io che ho fatto questo libro, quanto il mio libro che ha fatto me". Il pensiero di Montaigne ha avuto un importante influsso su diversi filosofi, letterati e scrittori.

Meglio, molto meglio, se poi, quando raccontiamo la storia, lo facciamo senza leggere il libro, ma passeggiando fra i banchi e coinvolgendo i nostri studenti.

Altrimenti, la storia diventa una noia mortale.

Non va meglio per la matematica. Anzi, è la materia meno amata dagli studenti delle scuole secondarie di secondo grado.

Giovanni Filocamo sostiene, con una interessante immagine, che "la matematica è come un'azienda di cui gli studenti vedono solo il reparto contabilità e mai il reparto ricerca e sviluppo".[28]

Come mai? Una risposta, forse parziale ma sicuramente autorevole, la fornì Edouard Claparède nel 1920 in una conferenza all'Università di Ginevra: "Se i tre quarti degli studenti delle secondarie detestano le matematiche, è perché non ne hanno il bernoccolo o perché si è fatto di tutto per disgustarli?".[29]

Galileo Galilei affermava che "l'universo è scritto in lingua matematica"!

La matematica è un linguaggio.

È il linguaggio delle equazioni. Un linguaggio che permette di fare ricerche e scoperte straordinarie. L'intuizione e l'analisi matematica, molte volte, precedono l'intervento delle tecnologie più sofisticate.

Nella formulazione e nella definizione di un consiglio orientativo esiste anche un'altra dimensione che rischiamo di non considerare.

28 G. Filocamo, *Mai più paura della matematica. Come fare pace con numeri e formule*, Kowalski-Apogeo, Milano 2009.

29 E. Claparède, *La scuola su misura* (La Nuova Italia, Firenze 1963, pp. 31-55), citato in R. Fornaca, *Didattica e tecnologie educative*, Principato Editore, Milano 1985, p. 246.
Edouard Claparède (Ginevra 1873-1940), autorevole esponente della psicologia e della pedagogia sperimentale. Fondò con Flournoy nel 1901 la rivista "Archives de Psychologie" e con Pierre Bouvet, a Ginevra, l'Institut J.-J. Rousseau, uno dei maggiori centri di ricerca e di sperimentazione nei settori della psicologia, della pedagogia e della formazione degli insegnanti. Autore di *Psicologia del fanciullo e pedagogia sperimentale*, *La scuola su misura* e *L'educazione funzionale*.

Tempo fa, una ragazzina di una scuola secondaria di primo grado di Milano si presentò nel mio ufficio per un colloquio.

Un quadro scolastico eccellente. Docenti perplessi e genitori terrorizzati perché la figlia voleva scegliere il liceo artistico.

La ragazzina, in quell'occasione, mi stupì. Con garbo e grande sensibilità disse ai suoi genitori: "Lo so, potrei scegliere qualunque liceo. Ma, credetemi, iscrivendomi al liceo artistico sono certa che andrò a scuola felice".

La volevo abbracciare.

La scelta scolastica richiede un minimo di motivazione, interesse, passione e tanta, tanta curiosità.

Noi formatori, genitori e docenti, dobbiamo alimentare e sostenere scelte e percorsi funzionali a una crescita responsabile, equilibrata e matura delle persone.

La scuola, la vita della scuola non può essere appiattita su strane categorie interpretative e su discutibili logiche scolastiche.

È urgente definire una scuola nuova. Di qualità. Quale?

Capitolo 5

La riforma della scuola

La riforma

Se affidassimo a trenta persone il compito di delineare, con un lavoro rigorosamente individuale, una riforma della scuola secondaria di secondo grado, non mi stupirei se, poi, ci trovassimo in presenza di trenta progetti diversi fra loro in alcuni punti significativi.

L'osservazione può sembrare banale ma ha, per lo meno, il merito di segnalare la complessità del problema.

Definire una riforma della scuola significa occuparsi di ordinamenti didattici, profili professionali, risorse economiche, orientamenti pedagogici e, soprattutto, della vita delle persone e dello stato.

Si richiede, a tutti coloro che ci vogliono mettere mano, un esercizio non facile. Con capacità di analisi, capacità critica e capacità di immaginare il futuro.

Nasce anche da questa impostazione l'obiettivo strategico dell'Unione Europea: "diventare l'economia basata sulla conoscenza più competitiva e dinamica del mondo, in grado di realizzare una crescita economica sostenibile con nuovi e migliori posti di lavoro e una maggiore coesione sociale".[30]

30 Conclusioni della presidenza del Consiglio europeo di Lisbona, 23-24 marzo 2000.

Per quanto paradossale possa sembrare, sono convinto che la riforma della scuola abbia una nemica storica: la fretta.

Non me ne vogliano i vari Brocca, Berlinguer, Moratti, Gelmini e tutti coloro che li hanno preceduti con proposte di nuovi ordinamenti, ma sono fermamente convinto che una riforma organica, il più possibile condivisa, richieda un ampio confronto e tempi adeguati. Senza quella maledetta fretta che, in genere, caratterizza i ministri della Pubblica istruzione, preoccupati di mettere un "bollino blu" su questa o quella riforma.

Una riforma del sistema formativo non sarà mai garantita dalla semplice presentazione e approvazione di un pacchetto di leggi, regolamenti e circolari.

Occorre dare risposte concrete ai seguenti punti: le risorse, i percorsi formativi, la qualità della formazione, il riconoscimento delle professionalità esistenti, la relazione educativa e il sistema di valutazione.

Le risorse

Quando coloro che hanno responsabilità istituzionali raccontano nei convegni o nelle interviste che la formazione ha un valore strategico e rappresenta il futuro di una nazione e dei suoi figli, ci si sente rassicurati e si riaccende la speranza. Si apre il cuore.

Ma poi, soprattutto nei momenti di difficoltà, quando si tratta di tradurre tali propositi in scelte coerenti "maiora semper premunt!"[31]. E la formazione e la ricerca passano alla voce "promesse non mantenute".

Qualche esempio:

- Il Rapporto Istat 2012[32] con "un quadro d'insieme dei diversi aspetti economici, sociali, demografici e ambientali

31 T. De Mauro, *Idee per il governo, La scuola*, Laterza, Bari 1995, p. 19.

32 Rapporto Istat 2012, *Noi Italia – 100 statistiche per capire il Paese in cui viviamo*, spesa pubblica per l'istruzione e la formazione: "La spesa in istruzione e formazione – misurata in rapporto al prodotto interno lordo – rappresenta uno degli indi-

del nostro Paese, della sua collocazione nel contesto europeo e delle differenze regionali che lo caratterizzano", comunica che nel 2009 l'incidenza della spesa pubblica italiana in istruzione e formazione sul prodotto interno lordo è pari al 4,8% (grafico 2). Al di sotto della media dell'Unione Europea che si colloca sul 5,6%, e ben distante dall'impegno di spesa assunto da diversi paesi. Ne cito solo alcuni: Danimarca 8,0%, Svezia 7,3%, Cipro 7,1%, Estonia 7,0%, Regno Unito 6,9%, Lituania 6,8%...

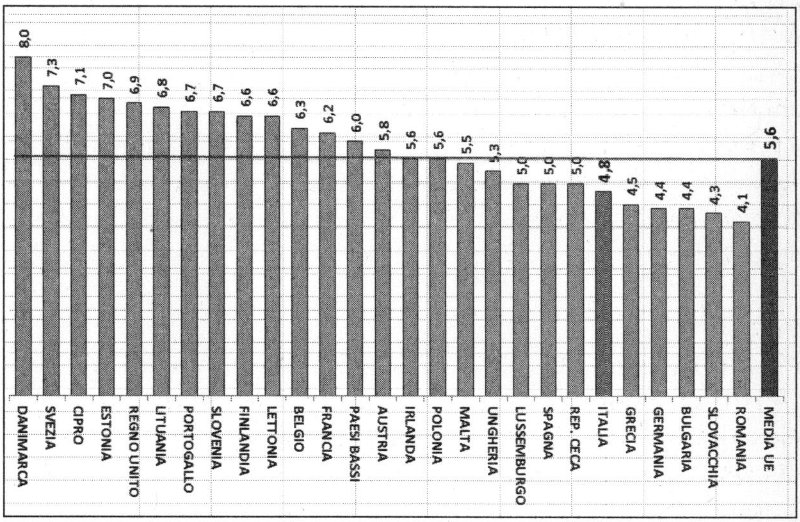

Grafico 2. La spesa pubblica per l'istruzione e la formazione nei paesi Ue, anno 2009, in percentuale del Pil.

L'Italia, con il 4,8%, rimane in una posizione non invidiabile: al ventiduesimo posto dei ventisette paesi europei.

- La riforma Gelmini nasce e si sviluppa con una incomprensibile logica di risparmio e con effetti gravi sulla scuola pubblica.

catori chiave per valutare le politiche attuate in materia di crescita e valorizzazione del capitale umano".

È ormai tradizione che i mesi estivi, in particolare luglio e agosto, debbano rappresentare un periodo ad alto rischio da un punto di vista legislativo. Sarà un caso, ma spesso i provvedimenti più antipatici e impopolari trovano un loro sbocco naturale in questa fase dell'anno.

Nel merito: la legge del 6 agosto 2008, n. 133, al capo II, articolo 64 (disposizioni in materia di organizzazione scolastica), punto 6, così recita: "...devono derivare per il bilancio dello Stato economie lorde di spesa non inferiori a 456 milioni di euro per l'anno 2009, a 1650 milioni di euro per l'anno 2010, a 2538 milioni di euro per l'anno 2011 e a 3188 milioni di euro a decorrere dall'anno 2012".

Con la legge 133, il governo italiano effettua sulle risorse economiche della scuola italiana un taglio totale di 7.832.000.000 (sette miliardi e ottocentotrentadue milioni) di euro.

Povera scuola!

La distanza fra le dichiarazioni ministeriali ("una riforma epocale!")[33] e i reali investimenti in materia di istruzione è talmente evidente da immaginare che l'affermazione "maiora semper premunt" richiami investimenti di spesa oculati e oggettivamente prioritari, ma non è così.

La gestione delle risorse nel nostro paese rappresenta un tema particolarmente critico. Spesso incomprensibile e mortificante.

Qualche esempio:

- Da quando i nostri politici hanno dichiarato l'intenzione di sopprimere le Province, in questi ultimi anni abbiamo assistito a un aumento considerevole delle stesse.
- Con il massimo rispetto per coloro che vivono con passione e con spirito di servizio le responsabilità nelle istituzioni pubbliche, non credo di risultare demagogico affer-

33 Espressione usata in diversi interventi dall'allora ministro Mariastella Gelmini.

mando che i costi della politica non sono più tollerabili. A parole, soprattutto in campagna elettorale, sono d'accordo le centinaia e centinaia di deputati, senatori, ministri, sottosegretari e consiglieri che hanno intasato le nostre istituzioni, offrendo in alcuni momenti della nostra vita pubblica e nazionale scene e comportamenti indecorosi! Stili di vita e priorità in netto contrasto con i valori che la formazione dovrebbe garantire agli adolescenti delle nuove generazioni. E non è che le cose migliorino aprendo ridicole succursali ministeriali in quel di Monza. Un'iniziativa che ha reso intrattabile il mio amico Checco. Ho dovuto chiuderlo... in bagno.

In questi mesi, con discussioni e decisioni parlamentari, sembra prendere forma l'idea di risolvere in modo radicale, ovviamente nella prossima legislatura, il problema dei costi della politica, realizzando, per esempio, la soppressione delle Province e un dimezzamento del numero dei parlamentari.

Staremo a vedere se, nei prossimi anni, si procederà realmente in questa direzione o se, per l'ennesima volta, considerati i tempi lunghissimi dei passaggi parlamentari per modifiche costituzionali, ci troveremo poi in presenza della solita difesa di palazzo, assolutamente determinata a mantenere interessi e privilegi personali, eticamente insostenibili ed economicamente non più sopportabili da un paese civile.

C'è, quindi, una vera riforma epocale a portata di mano e viene richiesta a gran voce da milioni di italiani. Basta realizzarla.

Insomma, nel nostro paese non è difficile trovare esempi che dimostrano quanto poco sia considerata la spesa da investire in formazione e istruzione ed è certo che i costi economici, sociali e civili di questo mancato investimento sono figli di una preoccupante miopia politica.

"Se un difetto possiamo imputare alla nostra cultura politica e intellettuale, non è certo un eccesso di propensione a progettare il futuro. Da decenni viviamo in una atmosfera perpetua di emergenza."[34]

I percorsi formativi

Il sistema scolastico è bloccato su una miriade di materie e su pacchetti formativi immodificabili e non componibili.

È un sistema rigido, funzionale alle diverse cattedre ma non al buon senso e, soprattutto, alla valorizzazione delle attitudini degli studenti.

Le ragazze e i ragazzi in difficoltà, interessati a cambiare corso di studi, entrano spesso in rotta di collisione con una serie di procedure e di vincoli assurdi. Un vero percorso a ostacoli che può compromettere la valorizzazione e lo sviluppo delle persone e dei cittadini futuri.

Una assurdità e una sofferenza per molti studenti, ma, in particolare, per coloro che provengono da altri paesi.

La qualità della formazione

Nella scuola italiana operano risorse umane di alto profilo che sanno esprimere grande professionalità.

Si rileva, tuttavia, l'esigenza di disporre all'interno dei luoghi della formazione di professionisti che si qualifichino, innanzitutto, come esperti dei processi di apprendimento e delle problematiche adolescenziali. Come formatori.

La formazione degli insegnanti richiama una delle condizioni indispensabili per garantire una scuola di qualità. La mancanza di un sistematico aggiornamento, infatti, rappresenta secondo alcuni "il punto nodale delle resistenze al cambiamento del sistema educativo".[35]

Un giudizio sicuramente severo e ingeneroso nei confronti di tutti quei docenti che quotidianamente, con poche risorse e grande professionalità, qualificano la scuola ma che risulta non infondato nei confronti di altri docenti, meno adeguati, per i quali ritengo condivisibile questa seconda osservazio-

34 T. De Mauro, *Idee per il governo. La scuola*, cit., p. 19.
35 L. Secco, *Dall'educabilità all'educazione, riflessioni pedagogiche*, Morelli, Verona 1990, p. 200.

ne: "Gli insegnanti dovrebbero acquisire delle competenze che pochi tra loro attualmente posseggono: queste competenze sono molto di più di tipo relazionale che propriamente tecnico".[36]

In diverse occasioni ho ritenuto opportuno dare ad alcuni insegnanti questo suggerimento: immaginate, anche solo per un attimo, che lo studente che dovete consigliare, valutare e con il quale vi relazionate per molte ore durante la settimana, sia vostro figlio. Vi accorgerete immediatamente di come e quanto l'osservatorio e, quindi, l'approccio, l'atteggiamento e il giudizio cambino profondamente.

Non è un invito a rinunciare alle proprie prerogative e responsabilità. L'autorevolezza impone ai formatori competenza e rigore ma anche sensibilità pedagogica e buon senso.

A questo proposito, molti docenti e operatori delle scuole di ogni ordine e grado ma, in particolare, coloro che operano con grande passione in quello che viene definito, impropriamente, il "segmento basso" della formazione, e cioè gli istituti professionali e i centri di formazione professionale, rappresentano una garanzia e una guida sicura per i nostri figli.

Per salvaguardare la qualità delle risorse umane che operano nelle istituzioni scolastiche del nostro paese, risulta urgente avviare un'analisi critica sul ruolo docente e sull'organizzazione scolastica.

Occorre ridefinire le classi di concorso, le materie, gli orari, il sistema di valutazione, il trattamento economico e il tempo scuola dei docenti.

L'attuale riconoscimento economico non è adeguato e dignitoso. Il confronto con gli insegnanti di molti paesi europei è mortificante.

Bisogna qualificare la relazione fra insegnanti e studenti, e viceversa.

La scuola ha bisogno di formatori. Insegnanti interessati a rimanere con gli studenti per più tempo e anche in momenti diversi dalle attività di aula.

36 Ivi, p. 201.

Occorre costruire e assumere una rinnovata sensibilità pedagogica. Non è facile superare "il pregiudizio idealistico, secondo il quale il sapere coincide con il saper insegnare, negando a pedagogia e didattica qualsiasi validità e dignità scientifica".[37]

Il sistema di valutazione

I criteri e la gestione di un sistema di valutazione richiedono, da parte dei docenti, competenza ed equilibrio.

In alcuni corsi e istituti, infatti, si registrano assurdità e criticità di metodo.

Sulle assurdità ritorneremo più avanti. Sul metodo, una breve considerazione. Si confonde troppo spesso la valutazione formativa con la valutazione sommativa.

La valutazione formativa attiene alle strategie dell'apprendimento e deve portare il formatore a riconoscere e a valorizzare qualunque sforzo venga fatto dagli studenti, anche se debole e lontano dagli obiettivi didattici.

Essa è il cuore della valutazione. Misura e giudica le attività degli studenti, i loro progressi, l'impegno, ma anche il livello di sensibilità, di competenza e di autorevolezza del docente.

È la capacità di monitorare e incentivare, con rigore, le strategie di apprendimento e il processo di crescita di colui che apprende.

La valutazione sommativa ha più un valore di bilancio finale. Si dovrà affidare, quindi, a categorie più generali ma da gestire sempre con attenzione e professionalità.

È una valutazione più conclusiva ma che dovrà dimostrarsi sempre attenta ai processi di crescita, anche scolastica, degli adolescenti.

37 M.T. Moscato, in "Nuova Secondaria", n. 7, marzo 2002, Editrice La Scuola, p. 11.

Capitolo 6

La scuola non fa per me

L'imponderabilità

"Certum est enim et sensu constat aliqua moveri in hoc mundo. Omne autem quod movetur, ab alio movetur ergo necesse est..."[38]

La dottoressa Verdi alzò gli occhi dal libretto universitario che stava sfogliando e mi guardò sorpresa. Non le sembrava vero che uno dei suoi studenti, per quanto adulto attempato, conoscesse una delle cinque vie descritte da san Tommaso d'Aquino per dimostrare l'esistenza di Dio.

Utilizzando i miei studi giovanili, avevo trovato un modo originale per fare una riflessione sul senso della spiritualità nel Medioevo.

Dopo una citazione in greco antico su Luciano di Samosata, scrittore e sofista greco del II secolo d.C., iniziai una breve analisi su Merleau-Ponty e la fenomenologia della percezione, quando la docente, sempre più incuriosita, disse:

38 È la prima delle cinque vie, a posteriori (non partono dall'idea di Dio, ma dall'esperienza), indicate da san Tommaso d'Aquino. È la via *Ex motu et mutatione rerum*: "È certo e risulta ai nostri sensi che tutte le cose si muovono in questo mondo. Tutto ciò che si muove è mosso da qualcosa d'altro. Quindi è necessario...". Il testo latino continua così: "devenire ad aliquod primum movens quod a nullo movetur. Et hoc omnes intelligunt Deum" (risalire a un qualcosa che si muove per primo (un primo motore) e che non sia mosso da nessun altro. E questo è ritenuto, da tutti, Dio).
Tommaso d'Aquino (Roccasecca 1225 ca-Fossanova 1274), frate domenicano, venerato come santo e dottore della Chiesa. Tra le sue opere: *Summa theologiae*, *Summa contra Gentiles*, *De anima*, *De veritate*, *De spiritualibus creaturis*.

"Mi fa molto piacere che almeno qualcuno si sia accorto di un riferimento alla fenomenologia e a Merleau-Ponty". Poi aggiunse: "Vedo sul libretto che lei ha moltissimi trenta e lode. Scusi, ma quante lauree ha?".

Avendo dovuto affrontare, per alcuni anni, una corsa al recupero degli studi adolescenziali, un po' problematici e non riconosciuti dallo stato italiano, sorridendo le dissi: "Cominciate a darmene almeno una!".

L'esame continuò con una piacevole e interessante conversazione.

Dopo una quindicina di minuti, la Verdi scrisse trenta e lode sul mio libretto e mi congedò dicendo: "Mi piacerebbe molto continuare a parlare con lei, ma devo fare gli esami". Qualche mese dopo, con la discussione di una tesi sul tema dell'orientamento scolastico, ottenni la laurea. Con lode.

In autostrada, mentre tornavo dall'università, ripensai alla mia esperienza di studente e alle difficoltà incontrate alla scuola elementare, alle scuole medie e superiori. A quei giudizi improvvidi, ultimativi e senza speranza che ogni tanto mi raggiungevano. Ad alcune severe valutazioni che mi avevano ferito dentro.

Ricordai gli incontri fortunati. Con persone che, non negandomi la loro fiducia, mi permisero di superare momenti difficili.

Pensai anche alla fatica incontrata nel ridefinire un sistema di priorità più coerente con i vari momenti della mia esperienza adolescenziale.

In quel periodo, ogni tanto, ragionavo sul valore dell'imponderabilità dei processi di crescita e di maturazione con Flavio A., un caro amico di un paesino del Bresciano, conosciuto per caso durante un esame di psicologia sociale all'università.

Anche la sua storia confermava la bontà delle nostre riflessioni. Studente in fuga dall'istituto tecnico industriale nella adolescenza, cioè il classico *drop out*. Dopo un'esperienza di diversi anni come falegname, la ripresa degli studi per acquisire un diploma di scuola media superiore. Apprezzato cantante rock. E, in età adulta, compagno di studi universitari. Oggi, e ormai da diversi anni, stimato professionista nel campo dell'orientamento scolastico.

Ricordo le risate nel preparare l'esame di statistica.

L'aiuto di Flavio, il *drop out*, per me fu indispensabile per allontanare i miei incubi sui numeri. Le risate continuarono quando cercai di avviarlo a un corso accelerato di latino, spiegandogli per esempio la differenza fra *res* (cosa) e *rex* (re). La definizione, che ho trovato nei suoi appunti, di *rex cogitans* e *rex extensa* richiamava più una nota ditta di lavatrici che non il pensiero di Cartesio.

Forse gli esteti della scuola e dell'università storceranno il naso, ma il nostro fu un sodalizio perfetto e formativo. Convinti del fatto che la nostra storia, forse, ci consegnava qualche cartuccia in più per comprendere gli adolescenti in difficoltà.

La domanda, comunque, che rimane inevasa è la seguente: cosa consente a un ragazzo, con gravi difficoltà scolastiche di ritrovare, fra alterne vicende, un cammino utile per valorizzare le proprie potenzialità e affermarsi, da adulto, come uno stimato professionista?

I formatori devono, prima o poi, affrontare questa specie di rebus. Facendosi delle domande e, soprattutto, orientando i propri comportamenti.

C'è un bene prezioso che si perde nei misteri dei percorsi neuronali e che, di conseguenza, sfugge alle nostre menti: l'imponderabilità.

Un bene che deve essere, invece, custodito con attenzione, sapienza naturale e che deve essere affidato alla sensibilità e all'attenzione di tutti i formatori: genitori, insegnanti ed educatori.

Un genitore, molto soddisfatto per avermi portato il figlio a un colloquio, mi ha inviato una mail che terminava con queste parole: "La ringrazio moltissimo. È proprio vero che la qualità è difficile da descrivere, ma, quando la incontri, la riconosci".

Non è facile fare il formatore: il rischio di fare danni è sempre presente. Ma è anche un privilegio perché i riconoscimenti delle persone che incontri ti permettono di lavorare con passione e con entusiasmo.

Quando, in classe o durante un colloquio, racconto agli studenti che anch'io avevo difficoltà a scuola e, in particolare, in matematica, non risulto convincente. Le ragazze, i ragazzi e gli stessi genitori mi guardano perplessi, subodorando una specie di trucco affettuoso e diabolico. Mirato anche a una *captatio benevolentiae*.

Allora, con qualche esempio, è meglio partire dall'inizio. O quasi.

La moglie del bottaio

Al primo giorno di scuola media, il prof. Adelmo, insegnante di latino, italiano e disegno, dopo i saluti e le presentazioni, ci invitò a fare un disegno a soggetto libero.

Il cuore mi si gonfiò di gioia. "È proprio la mia scuola!" pensai.

Con un certo orgoglio aprii la mia scatola di pastelli Giotto. Per il nuovo anno scolastico mamma Neta mi aveva fornito di una scatola di dodici pastelli. Una rarità. In genere, dato che ero incline a divorarli, dovevo accontentarmi di una confezione di sei. Più ridotta.

Quando il prof. Adelmo passò vicino al mio banco, rimase folgorato. "Bravo!" disse. E si fermò per alcuni minuti a osservarmi mentre disegnavo e applicavo i vari colori con entusiasmo.

Ero riuscito a dare il meglio di me stesso, realizzando uno strano paesaggio, originale, colorato con curiosi giochi di luce e con sapienti sfumature. Lo colpì, in particolare, il colore rosso del cielo e la figura di un vecchio che avevo solo abbozzato.

La mattinata si chiuse con i complimenti dei miei nuovi compagni di classe.

In quel primo giorno di scuola, Vigarolo, un paesino di quattro case fra Graffignana e Borghetto Lodigiano, mi sembrò il più bel paese del mondo. Nebbia a parte.

Secondo giorno di scuola.

"Pagina trentacinque, leggi Francesco!" Il prof. Adelmo voleva verificare le nostre abilità nella lettura e, dopo la mia performance del giorno precedente, doveva aver pensato: qui vado sul sicuro.

Se non ricordo male il titolo del brano era il seguente: *Il bottaio Marchica*.

Non ho dubbi, invece, su come iniziava: "Struggévasi, la moglie del bottaio Marchica...".

Pochi attimi e la mia voce, forte e sicura, risuonò nel silenzio della classe: "Struggevàsi, la moglie del bottaio Marchica...". Avevo sbagliato l'accento e, soprattutto, avevo confuso un verbo, forse un po' vetusto, con un nome proprio.

Stavo appunto pensando a quello strano nome quando le mie parole vennero sommerse dalla risata di tutti i compagni. Il professore, invece, si limitò a sorridere. Invitò la classe al silenzio e mi chiese di rileggere il testo.

"Struggévasi la moglie del bottaio..." e, adagio adagio, fra il dissolversi dei sorrisini di alcuni compagni, ripresi fiato e coraggio.

Un accento sbagliato, tuttavia, era riuscito a rovinare il mio buonumore e a rendermi insicuro.

Mentre leggevo, continuavo a osservare il prof. Adelmo che, di tanto in tanto, mi lanciava qualche occhiata affettuosa, ma, a mio modo di sentire, con minori certezze rispetto al giorno precedente.

Nel tardo pomeriggio, mentre giocavamo a calcio nel parchetto della scuola, ebbi la conferma di quanto possa essere fragile e ipersensibile un adolescente e di quanto, magari simpaticamente, possano essere spietati i suoi coetanei.

Un mio compagno mi gridò: "Ueh! Struggevàsi, passami la palla!".

Sarebbe certamente esagerato affermare che lo odiai in quel momento, ma ciò che provai dentro di me fu sufficiente a rendermi penosa persino una partita di calcio, con un effetto disastroso sulle mie abilità calcistiche, costruite in anni di oratorio.

Comunque, niente di grave. Il giorno dopo mi ero già tranquillizzato, ma, quando in classe si passò alla lettura, istintivamente mi abbassai sotto il banco pensando: "Speriamo che non mi chiami...".

Il lupo e le pecore

Oggi posso affermarlo con assoluta certezza: il mio primo anno alla scuola media non fu banale. Feci i fuochi di artificio, nel bene e nel male.

Il prof. Adelmo era proprio un bel tipo, mai noioso, con la capacità di interrompere una lezione con aneddoti e storielle varie.

Non mancava qualche nota stonata: a volte, sicuramente per scherzare, esagerava. Alcuni compagni di classe si ritrovarono con degli epiteti che testimoniavano, in modo paradossale, il livello delle loro difficoltà.

In classe avevamo "L'Everest", un ragazzo della zona di Bergamo. Il "K2", invece, era un ragazzo simpatico e divertente che proveniva dalla Valsassina.

Il professore li chiamava così anche con affetto. Sempre pronto ad aiutarli, ma sottovalutando le reazioni degli interessati. Reazioni e contrarietà che noi ragazzi, invece, riuscivamo a cogliere, anche se confusamente.

Solo nel tempo compresi che quando si viene pubblicamente etichettati in modo non positivo, inizialmente ci si sente feriti, ma poi scatta una sorta di adesione inconsapevole a quello strano ruolo che ti hanno un po' superficialmente attribuito e, giorno dopo giorno, rischi di confermarlo con i tuoi comportamenti, quasi per esorcizzarlo.

Il prof. Adelmo amava giocare a calcio con noi. Ricordo le sue gambette fragili che, sotto la tonaca, si destreggiavano discretamente con il pallone.

Noi lo facevamo impazzire. A suo dire, eravamo bravi ma ci definiva dei veri e propri "scarponi". E, infatti, si lamentava di qualche calcione in libera uscita. Io, devo ammetterlo, con le mie scarpe da calcio, di cuoio durissimo, ero fra i maggiori indiziati.

Con il prof si facevano anche... chilometri di analisi logica. Un esercizio che ci permise di affrontare lo studio del latino con discreti risultati.

Io stesso, in latino ero bravino. Almeno al primo anno.

Mancavano pochi giorni alla festa di Pasqua, quando il prof. Adelmo invitò tutta la classe al silenzio per fare un annuncio importante. "A giorni," disse, "arriverà il prefetto degli studi".

Non era un personaggio comune il prof. Rota. Aveva la responsabilità di tutte le scuole di quell'istituto religioso.

Ne parlavano tutti. I più grandi, con ammirazione ma anche con qualche preoccupazione, ci illustrarono il suo profilo professionale e umano. Voleva essere, nelle loro intenzioni, un modo simpatico per prepararci all'evento.

Il prof. Rota era davvero un personaggio. Ci colpì subito il suo volto pieno di rughe e la voce bassa, aspra e rauca, quasi un po' abrasiva.

Quando entrò nella nostra classe, si dimostrò subito gioviale e simpatico. Date le caratteristiche della sua voce, non sempre riuscivamo ad afferrare tutte le sue considerazioni e le sue battute, ma quel giorno sembrava proprio in forma.

Dopo i convenevoli arrivò il momento tanto atteso. Il prof. Rota volle verificare le nostre abilità di "latinisti". Anche se alle prime armi.

Vittorio, un caro amico di Grezzago, si dimostrò, come sempre, all'altezza traducendo alcune frasi dal latino in italiano e in modo perfetto.

Anche con Angelo B. si andava sul sicuro e, infatti, mantenne alto il livello della classe.

Altri compagni, a parte qualche incertezza, se la cavarono discretamente bene.

Il grande capo delle scuole, infatti, si aggirava soddisfatto fra i banchi.

"Leggi e traduci," disse, avvicinandosi al sottoscritto e puntando l'indice nodoso su una pagina del mio libro.

Si trattava di una frase molto breve: "Egomet inter oves vidi lupum".

In pochi secondi, compresi che avrei fatto la mia bella figura. Non avevo dubbi: erano evidenti il soggetto, il verbo e il complemento oggetto. Mi lanciai, quindi, con soddisfazione e sicurezza nella traduzione: "Proprio io vidi il lupo fra le... uova!".

Non era certo la prima volta che dovevo affrontare e subire una risata generale di tutta la classe, ma quella volta ci rimasi davvero male.

Il prof. Rota, invece, fu straordinario. Con un sorriso mi passò, in modo affettuoso, la mano sui capelli e arruffandoli un po' disse: "È vero, siamo quasi a Pasqua, ma ci stanno meglio le pecore".

Quello fu il primo incontro, simpatico e, tutto sommato, indolore con il prefetto degli studi. Qualche mese dopo, però, agli esami di prima media, un appuntamento fisso in quell'istituto religioso, misi a dura prova la pazienza del prof. Rota.

Il leone e i topolini

La mia pagella, alla fine della prima media, non era male. In latino avevo una media discreta.

Il giorno dell'esame di latino venne fissato a metà settimana: una bellissima giornata e con un sole stupendo.

In attesa dell'esame scritto, prima del suono della campanella, rimasi a osservare i compagni più grandi che giocavano a calcio in cortile.

Ogni tanto mi inserivo nel gruppo. Qualche passaggio, due tiri. Tanto per sgranchirmi un po'. E fu un grave errore.

La passione del calcio, infatti, penetrava troppo velocemente e facilmente nelle mie ossa, determinando spesso un conflitto con i miei impegni scolastici, allontanandomi dai libri e dallo studio. Certo, a detta di tutti, a calcio ci sapevo fare.

Entrai in classe di mala voglia, ma non prima di aver promesso agli amici che giocavano: "Ci vediamo presto!".

Cinque minuti dopo mi ritrovai al mio banco per la prevista prova di latino. O meglio, si trattava di una traduzione dall'italiano al latino.

Il titolo del brano mi sembrò subito accattivante: "Il leone e i topolini". E anche il testo, dopo un esame sommario, mi sembrò assolutamente abbordabile.

Cominciai a tradurre. Velocemente, ma in preda a uno strano strabismo: uno sguardo al foglio e uno alla finestra.

Dal campo di gioco, a tratti, provenivano le voci dei miei compagni che nel frattempo avevano organizzato una partitella: "Passa, forza... attento... goool!".

Fisicamente ero in una sede di esame, alle prese con una traduzione e con un dizionario di latino. Con il pensiero ero completamente altrove.

Fui uno dei primi a consegnare il compito. Scesi le scale di corsa e, dopo pochi minuti, in quella partitella improvvisata il numero dei giocatori in campo era aumentato.

Si respirava l'aria di fine anno. A giorni avremmo lasciato l'istituto e, quindi, attendevamo con ansia di poter ritornare in famiglia per il periodo estivo.

La mattina dopo, durante la Messa, al momento della predica il prof. Rota fece un discorsetto a tutti i presenti.

Qualche riflessione sull'importanza dello studio, l'impegno e la serietà. Un riferimento ai valori e una serie di apprezzamenti per quanto aveva potuto verificare, in quei giorni, in sede di esame. Sembrava il classico discorsetto di fine anno scolastico. Molto positivo.

Mancava solo il finale che arrivò poco dopo con una infausta promessa: "E se qualcuno ha fatto bene durante l'anno," disse il prof. Rota puntando e muovendo da sinistra a destra il dito indice verso i presenti, "ma poi ha preso sottogamba le prove d'esame, avrò il piacere di rivederlo agli esami di settembre".

Fu allora, che mi venne un primo forte dubbio, sciolto poco dopo, durante la colazione, dal tutor (allora si chiamava prefetto) di classe: “Guarda che si riferiva a te! All’esame di latino hai fatto un disastro!”.

Ripensai e rividi, come in un veloce fotogramma, la traduzione del giorno prima, completamente anestetizzata dalla partitella di calcio.

Provai a immaginare, consultandomi con i miei compagni di classe, alcuni possibili errori. Mi venne un colpo. Me ne vennero in mente subito quattro o cinque. E più passavano i minuti e più il numero degli errori sembrava crescere a dismisura. Fra dubbi e certezze.

Verso le dieci incontrai il prof. Adelmo. Appena mi vide, con le dita delle mani mi indicò il numero di errori che avevo fatto: ventisette! Un record per quell’anno di studi. Irraggiungibile in una sola traduzione.

Pur essendo di pessimo umore, il professore ebbe la pazienza di ricordarmene alcuni.

La frase: “Il leone cadde in una fossa” era stata da me tradotta in questo modo: “Leo cecidi in una fovea”.

Per coloro che non avessero dimestichezza con il “latinorum”, preciso che sbagliai il verbo che richiedeva la terza persona. Tradussi addirittura l’articolo “una”. Cosa che in latino non bisogna fare. Mai. La parola “fossa” (*fovea*) la declinai con l’ablativo: il cosiddetto moto a luogo, ovviamente, richiedeva l’accusativo.

Insomma, tre errori in cinque parole. Incredibile!

Sempre per i non addetti, la frase corretta, nel nostro “latinorum” di prima media, doveva essere: “leo cecidit in foveam”.

Ma non era finita. Mancava, e io la temevo, la ciliegina finale.

Il prof. Adelmo, fissandomi negli occhi e scandendo lentamente le parole, mi ricordò in che modo sciagurato avevo tradotto il titolo del brano. La frase “Il leone e i topolini”, nella mia personalissima traduzione, era diventata: “Leo et tupulini”.

Da ricovero! In realtà avevo cercato sul dizionario la parola "topolini", ma con la fretta del momento, non ero riuscito a trovarla. Pensai che forse poteva non esistere in latino e, allora, la inventai attribuendola alla seconda declinazione! Quella del... lupo (*lupus-i*) per intenderci.

L'incontro terminò con un arrabbiatissimo prof. Adelmo che, salutandomi (si fa per dire...), disse: "Di' la verità, Francesco, volevi prenderci tutti per i fondelli? Bene, ci vediamo a settembre! Auguri!".

In quei giorni, purtroppo, divenni famoso.

Ne parlarono tutti i docenti dell'istituto. Alcuni, assolutamente scandalizzati, confermarono le loro convinzioni sulla superficialità delle nuove generazioni.

La frase più ricorrente era la seguente: "Ai nostri tempi certe cose erano impensabili...".

Altri si mostrarono meno severi, lasciando qualche spiraglio per il recupero.

Ma, da parte di un professore più anziano, non mancò una gustosa risata, con un commento rassicurante e benevolo: "Sono ragazzi...".

Disorientamento

Nell'istituto dove frequentavo la scuola media, non era previsto un orientamento scolastico. Dopo il terzo anno, infatti, esisteva un solo corso di studi: il liceo classico. Corso propedeutico agli studi di filosofia e, successivamente, di teologia.

Alla fine della terza media, agli scrutini finali, fui promosso.

L'uscita, invece, come privatista in un istituto del Lodigiano per certificare quei primi tre anni di studi fu, per il sottoscritto, piuttosto disastrosa.

Nella prova di disegno, come in molte altre occasioni, mi esaltai. Anzi, credo di aver disegnato e ritoccato anfore per diversi compagni. Nelle altre prove di esame, invece, ci furono problemi.

La prova di matematica, come sempre, si trasformò in una pena infinita. Un vero e proprio colpo alle mie poche certezze, con una ricaduta negativa su quasi tutte le altre materie.

Una professoressa della commissione di esame, dopo aver letto e controllato attentamente i miei elaborati scritti, guardandomi negli occhi e scuotendo la testa, con il consenso di tutte le colleghe sentenziò: "Caro Francesco, la scuola non fa per te!".

Qualcuno, del resto, che lo aveva già pensato qualche tempo prima, aveva tradotto questa sua convinzione con la proposta di farmi lavorare come incisore in una azienda artigianale di Lecco. Coppe, trofei e targhe varie dovevano rappresentare il mio ambito professionale, valorizzando le mie capacità di disegnatore. Una proposta di lavoro che, per fortuna, rifiutai poiché, per quanto strano potesse sembrare a coloro che mi conoscevano, io volevo studiare.

La frase "La scuola non fa per te!" mi risuonò nelle orecchie per molti mesi e, in quell'anno caldissimo da tutti i punti di vista, mi accompagnò per tutto il periodo estivo e, soprattutto, mise in imbarazzo i responsabili dell'istituto che non gradirono il parere della commissione d'esame.

Dopo qualche discussione ad "alto livello", venne prevista, per il sottoscritto, una prova d'esame supplementare nei primi giorni di settembre.

Assunse l'incarico di questa verifica *ad personam* il prof. Tito B., responsabile degli studi, con il consenso del prof. Franco V., grande capo dell'istituto.

Le prove d'esame, con la soddisfazione di tutti, diedero riscontri positivi.

Venne apprezzata la parte orale e ritenuta discreta la parte scritta, compresa la prova di matematica. Il prof. Tito, tuttavia, non riuscendo a trattenere lo stupore per "l'originalità dei miei processi logico-matematici", commentò: "Metodo curioso e unico, caro Francesco! Ora capisco!".

Alla fine di quella verifica settembrina arrivò la conferma d'istituto che mi venne comunicata in termini simpaticissimi dal responsabile degli studi: "Abile e... arruolato!".

Iniziava la quarta ginnasio.

I triangoli

Primi anni sessanta. A Cervignano del Friuli, in quell'istituto, alla fine della quinta ginnasio erano previsti gli esami di fine anno.

Angelo R., un caro compaesano e professore di italiano, me lo aveva anticipato: "Bravo Francesco! Finora, pur con le solite difficoltà, te la sei cavata benino. Rimane solo la matematica, che è un po' la tua bestia nera, mi raccomando!".

Mancavano due giorni all'esame e, con il passare delle ore, aumentava la mia ansia e la mia preoccupazione. Con la matematica avevo ingaggiato, ormai da alcuni anni, una specie di conflitto armato.

Amilcare, il tutor della classe, mi ripeteva: "Stai tranquillo! All'esame orale di matematica sarò presente anch'io. Ti darò una mano". Insomma, tante parole rassicuranti e un clima favorevole.

Arrivò il giorno dell'esame.

I compagni di classe che vennero interrogati per primi uscirono dall'aula con facce decisamente soddisfatte: "Oggi è una giornata buona. Il prof di matematica è di buonumore. Tutto bene. Rilassatevi!".

Un messaggio gradito che era riuscito ad allontanare, per qualche minuto, i miei pensieri e i miei fantasmi.

"Dell'Oro!", il richiamo di uno dei docenti mi fece capire che era arrivato il mio turno. Osservai con attenzione i membri della commissione d'esame e, in particolare, lui, il prof. Antenati.

Lo temevo. Era un tipo particolare. Sbrigativo, anche bonaccione, soggetto a scatti d'ira, ma, a conferma di quanto avevano anticipato i miei compagni, quella mattina il professore non aveva quell'aspetto burbero che lo caratterizzava. Anzi, lo vidi molto ben disposto, di buonumore, addirittura allegro e sereno.

Insomma, veramente un buon inizio.

Antenati si alzò dalla sedia, si avvicinò e sorridente, come se si trattasse di una chiacchierata fra amici, mi disse sottovoce, quasi segnalando la soluzione del problema: "Similitudine fra figure piane".

Non so perché, ma prima ancora di comprendere il significato delle sue parole, mi venne un terribile nodo alla gola.

Mi fece disegnare un primo triangolo sulla lavagna. Con alcune indicazioni mi aiutò a tracciarne un secondo e, mentre si accomodava di nuovo sulla sedia, chiese: "Possiamo dimostrare che questi due triangoli rettangoli sono simili?".

Amilcare, il tutor, appoggiato alla lavagna mi guardò con espressione davvero soddisfatta e felice, come per dire: "Hai visto? Ti ha fatto una domandina facile, facilissima, da scuola media..." e, quasi abbozzando al prof. Antenati un cenno d'intesa della serie "siamo preparati!", ma con l'obiettivo di rassicurare il sottoscritto, con complicità mi sussurrò: "Euclideee... occhio agli angoli...".

A distanza di anni mi risulta ancora difficile descrivere quello che mi passò per la mente in quella frazione di secondo. All'improvviso mi sentii completamente vuoto. Una specie di blocco neuronale con il sottofondo di uno strano e lontano motivo musicale. Panico totale.

Ancora oggi, tuttavia, ricordo con precisione quello che, purtroppo, dissi: "I due triangoli sono uguali perché opposti e paralleli!".

Il gelo scese in quell'aula.

Il tutor Amilcare ebbe una specie di mancamento. Sparì letteralmente dietro la lavagna sospirando: "Non è possibileee!". Ma il suo lamento venne coperto da un urlo pazzesco: "Fuoooriii!". Il viso del prof. Antenati aveva cambiato colore. Letteralmente imbufalito, mentre mi dirigevo verso l'uscita, mi disse: "E non ti voglio più vedere!". Durata dell'esame: forse una sessantina di secondi.

All'uscita trovai alcuni compagni in attesa di essere interrogati. "Ma cosa è successo?" mi chiesero, preoccupatissimi. Incredibilmente riuscii a calmarli: "Non preoccupatevi. Antenati è tranquillo. Sono io che ho fatto un disastro!".

In quel momento fece capolino dall'aula d'esame il tutor Amilcare. Si era ripreso. Sorridendo, allargò le braccia e, scuotendo bonariamente la testa, ormai rassegnato disse: "Avanti un altro!".

L'esame di matematica di quinta ginnasio si trasformò, nei mesi successivi, in una specie di trauma adolescenziale con il prof. Antenati che, ogni tanto, si materializzava nella mia fantasia agitando i miei sogni notturni. Con Euclide a dargli una mano.

Capitolo 7

Le figure significative

Il carretto, il bosco, il semaforo e la prospettiva

Anni cinquanta del secolo scorso. Ho ancora in mente la maestra di prima elementare, la voce un po' metallica e quel suo atteggiamento autoritario, per nulla rassicurante. Almeno per noi bambini.

A pochi giorni dall'inizio dell'anno scolastico mi mise dietro la lavagna perché, avendo bucato con la matita il foglio del quaderno mentre disegnavo, mi ero un po' agitato nel banco.

Ricordo le lacrime di quel giorno. Poi di quel primo anno di scuola niente altro. Un grande buco nero.

Seconda elementare: un nuovo maestro. Veniva da Trieste. Ricordo il cognome: Mondo. Gli volevamo bene. Con lui le ore di lezione volavano. Ti dispiaceva sentire la campanella alla fine delle lezioni.

Una volta, preoccupato del mio stato di salute, venne a trovarmi a casa. Due giorni prima avevo avuto un impatto violento con un carretto, usato impropriamente come porta in una partitella di calcio fra ragazzi. Un grande spavento in famiglia e una corsa in braccio a Mario, il mio fratellone, dal cosiddetto medico della mutua, allora il vero pronto soccorso del paese.

Un incidente risolto abilmente dal dottor Pontiggia con una serie, per me interminabile, di punti di sutura alla testa. In quell'occasione il maestro Mondo cercò in tutti modi di rassicurarmi e di rincuorarmi e, prima di andarsene, mi regalò un libro.

Terza elementare: Mondo, purtroppo, ritornò nella sua Trieste.

Il nuovo maestro fumava le Turmac in classe. Aveva un suo modo tutto particolare nel gestire le relazioni con il gruppo classe. Gli incoraggiamenti non esistevano. Sui castighi si sentiva più sicuro: si divertiva a dare dei colpetti sul naso, utilizzando le dita come per tirare una biglia. Seguirlo durante le lezioni era una sofferenza. Un anno perso.

Se per qualunque motivo doveva uscire dalla classe, in quelle occasioni poteva chiamarti alla lavagna a fare uno stupido giochino, inventato per sostituire il maestro momentaneamente assente. A me è capitato una volta sola.

Un po' emozionato, scrissi due parole divise da una netta linea di demarcazione: "Buoni" sulla sinistra della lavagna e "Cattivi" a destra. Guardavo i miei compagni, tutti maschi, e provavo un grande imbarazzo. Non sapevo che fare. Scrivevo un nome e poi lo cancellavo. Al rientro del maestro, sulla lavagna spiccavano solo due nomi e solo dalla parte dei buoni.

Pochi secondi e mi arrivò il noto colpetto sul naso: il mio lavoro di controllore non era stato apprezzato. Una specie di piccolo trauma infantile.

Quarta e quinta elementare: le stelle ebbero pietà. Un miracolo!

In una delle prime lezioni, Giorgio R., il nuovo maestro, ci disse: "Oggi ragazzi studieremo scienze. Siete pronti? Si va nel bosco!".

Tre ore a raccogliere le varie specie di foglie, delle querce, dei faggi, dei castagni, delle betulle e così via. Ma anche animaletti di tutti i tipi: maggiolini, cavallette, scarabei, alcune farfalle. Qualcuno raccolse anche dei fiori di bosco, non richiesti ma molto apprezzati.

Al rientro, passammo il pomeriggio e i giorni successivi a classificare e ad analizzare il materiale raccolto.

Un mese dopo, per entrare in classe, dovevi fare attenzione al semaforo. Lo avevamo costruito noi ragazzi con il maestro, acquisendo le prime elementari nozioni sull'elettricità. Il semaforo funzionava davvero: se passavi con il rosso, venivi invitato a ritornare al punto di partenza e a riprovarci.

Giorgio R., tutte le mattine, veniva da Como in autobus. Noi andavamo ad aspettarlo alla fermata. Nelle sue lezioni ci parlava spesso di educazione stradale e delle regole relative alla convivenza e al rispetto delle persone. "Quando siete sui mezzi pubblici," diceva, "dovete sempre lasciare il posto alle donne e alle persone anziane. Mi raccomando!"

Le sue non erano lezioni. Erano incontri con un amico.

Un giorno fissò con il gesso un punto al centro della lavagna e con quattro linee raggiunse i quattro angoli. In pochi minuti disegnò un locale con dei mobili, un armadio, un tavolo, delle sedie. In breve tempo riuscimmo a comprendere le regole base della prospettiva. Le ricordo ancora oggi.

Con lui scoprimmo il piacere della lettura. A volte spiegava la matematica con dei giochi, facendo delle gare con alcuni di noi nel risolvere qualche problema.

A lui devo le mie abilità di disegnatore e, forse, qualche lacuna di troppo in matematica perché mi faceva disegnare per ore.

Lo diceva spesso ai miei genitori che, di tanto in tanto, convocava scrivendo dei messaggi sul mio quaderno dai bordi rossi e la copertina nera: "Francesco deve fare il pittore".

Una specie di orientamento scolastico. Forse, un po' troppo anticipato.

Giorgio R. ha segnato profondamente la mia vita di studente. Oggi, dopo oltre cinquant'anni, lo ricordo ancora con emozione e con grande affetto. Mi è rimasto nel cuore. Non l'ho mai dimenticato.

E ovunque sia gli mando un abbraccio forte.

Il volo dell'Angelo azzurro

In seconda e terza media arrivò un nuovo tutor: Giancarlo V. di Busnago, un paesino vicino a Vimercate.

Dopo cena, molte volte passava il suo tempo, con il naso all'insù, a scrutare il cielo stellato. Era letteralmente rapito dal firmamento.

Conosceva a memoria il nome di moltissime costellazioni. Amava citarle: "Ecco l'Orsa minore, il Piccolo carro con in coda, sul timone, la Stella polare. Il Grande carro che segnala l'Orsa maggiore...".

Amava giocare e divertirsi con noi ragazzi. Lo ricordo, soprattutto, per la sua passione per gli schettini: i pattini a rotelle.

A pochi mesi dal suo arrivo, il prof. Giancarlo aveva coinvolto tutti noi nella passione per questo sport.

La nostra classe, a volte, si trasformava in un cantiere. Passavamo ore e ore a preparare i nostri attrezzi, un po' rudimentali, molto diversi dagli attuali pattini. Le ruote, rigorosamente di legno, erano così distribuite: due davanti e due dietro.

Armeggiavamo con chiavi inglesi, bulloni e pallini a sfera. Con cinturini di cuoio che non sempre garantivano una presa sicura. Nei primi anni sessanta, del resto, in pochi potevano disporre di pattini con scarpe incorporate.

Le prime uscite furono un po' da incoscienti.

Il prof. Giancarlo, invece, era sempre tranquillo. Rideva spesso e di gusto. Evidentemente aveva avuto garanzie "dall'alto".

Ricordo i chilometri macinati sulle strade assolate del Lodigiano. Borghetto, Graffignana e San Colombano erano le nostre mete preferite.

In pochi giorni avevamo imparato a pattinare discretamente, ma con un piccolo particolare: non sapevamo frenare. Particolare, del resto, totalmente trascurato sui nostri pattini.

Una volta acquistammo così tanta velocità da formare, in fondo a una discesa vicino alle terme di Miradolo, una sorta di groviglio umano dolorante. Ci districammo con fatica e con qualche lamento, ma, incredibilmente, nessuno si fece veramente male.

Il prof. Giancarlo aveva capito una cosa importante. Sapeva rimotivare i suoi ragazzi, inventando sempre qualcosa di nuovo.

Un giorno ci propose, con l'enfasi di cui era capace, una nuova e curiosa iniziativa. La denominò: il volo con l'angelo azzurro.

Ognuno di noi, di sera e a turno, poteva trovare sotto il cuscino del letto una busta contenente un biglietto da visita. Dentro c'erano una riflessione e il disegno colorato di un angelo.

Chi lo trovava, si sentiva un po' al centro dell'attenzione. Protagonista di un avvenimento simpatico. Sapeva, per esempio, di dover affrontare una giornata speciale. Con un particolare impegno ma anche con un riconoscimento importante. Una specie di delega criptata.

L'obiettivo era quello di svolgere un ruolo di primo piano per contribuire a migliorare il clima delle relazioni nella classe. Insomma, ti sentivi responsabilizzato in modo pazzesco. Apparentemente una piccola cosa, ma con un effetto importante. Almeno questo fu quello che io provai.

Quando arrivò il mio turno, la sera presi la busta, lessi furtivamente il messaggio che conteneva e dopo averla messa con cura nel mio comodino, a letto immaginai come muovermi il giorno dopo.

Riconoscimento, responsabilizzazione, impegno, autostima: erano i componenti di una miscela straordinaria che riusciva a muovere qualcosa dentro.

Io avevo, come si dice, l'argento vivo addosso. Ero sempre in movimento. Esagerando un po', qualche luminare forse avrebbe potuto considerarmi affetto dalla sindrome Adhd (Attention Deficit/Hiperactivity Disorder).[39] Un disturbo sul quale, a volte, rischiano di scivolare alcuni neuropsichiatri proponendo, con eccessiva facilità, alcune terapie farmacologiche.

39 Sindrome da deficit di attenzione e iperattività.

Il prof. Giancarlo, comunque, risolse il problema in modo artigianale ed efficace. Mi faceva sempre fare chilometri con i pattini a rotelle. E, infatti, divenni molto bravo e vinsi anche alcune gare.

Il professore scherzava spesso con me, chiamandomi, con grande simpatia, "Bucefalo" perché non stavo mai fermo. Per la cronaca, Bucefalo era il cavallo di Alessandro Magno, un cavallo un po' turbolento che aveva paura dei movimenti della propria ombra.

Il prof. Giancarlo mi diede anche alcuni incarichi di responsabilità. In terza media, per esempio, mi nominò decano, una specie di capoclasse. Ovviamente fra la sorpresa e l'incredulità di molti.

A proposito dell'iniziativa dell'angelo azzurro, immagino cosa possa pensare Elena B., un'amica, preside in una scuola di periferia a Milano. Conoscendola, non senza ragioni, sicuramente mi direbbe: "Ma va' là... vieni qui a vedere che fine fa il tuo angelo azzurro nella mia scuola!". E, in un certo senso, posso anche immaginarlo.

L'istituto, il periodo, i tempi ai quali mi riferisco, del resto, richiamano contesti molto diversi e particolari. Eppure non sottovaluterei e, quindi, non cestinerei così superficialmente l'iniziativa dell'angelo azzurro.

Si può inventare qualcosa di simile, più in linea con i tempi e più adeguato alle esigenze degli attuali adolescenti, ma l'obiettivo di responsabilizzare e valorizzare le persone mantiene ancora la sua forza e la sua validità.

Quindi, anche nella scuola di Elena B. ci proverei. Ovviamente inventando qualcosa di diverso, un contratto originale, insieme al gruppo classe e fissando obiettivi, strumenti e qualche regola di base.

Se l'espressione "Angelo azzurro" sa un po' troppo di nicchia o suona un po' d'altri tempi, non mancherà alle ragazze e ai ragazzi la vivacità e la fantasia nell'individuare anche un nome più adeguato all'iniziativa. Magari potrebbero provare con "Diavolo rosso", o "Vampiro nero" o con... Be', lo decideranno loro.

Il dato più importante è il seguente: il promotore dell'angelo azzurro aveva capito cosa prova e cosa si muove in un adolescente. Aveva, in particolare, compreso l'efficacia del binomio responsabilizzazione-gratificazione.

Utilizzava linguaggi e tecniche che sapevano muovere emozioni, con messaggi e modalità magari banali per un adulto, ma di straordinaria efficacia per un adolescente.

Il prof. Giancarlo, in diverse occasioni, lo sentivo come uno di noi.

Giulio

Il prof. Giulio B. era per noi ragazzi del liceo, in via Lecco a Monza, un porto sicuro. Una garanzia.

Era una persona umile. Discreta. Mai invadente.

Gli incontri con lui non erano mai banali. C'era sempre qualcosa da imparare.

Durante gli anni del liceo e del corso di filosofia, andavo spesso da lui. Gli raccontavo la mia gioia, le mie preoccupazioni, i desideri, i dubbi e anche la mia rabbia.

Con lui, eri sicuro di non sentirti mai giudicato o banalizzato. Ti sapeva ascoltare. Non ti interrompeva mai.

Ricordo la sorpresa nei primi colloqui. In certi momenti ti guardava e non diceva nulla. Stava in silenzio, sorridendo. Per la prima volta, compresi che due persone che si incontrano possono anche stare zitte. Per pensare. Per riflettere insieme. Riusciva a trasmetterti il valore del silenzio.

Giulio era una persona disponibile. Mai giudicante.

Dopo gli incontri con lui, riuscivi a recuperare serenità e tranquillità. Ma anche voglia di ripartire. Con poche parole sapeva darti direzione verso un sistema di valori.

Mantenni i contatti con il prof. Giulio anche quando le nostre strade, con vicende molto diverse, si divisero.

Io lasciai l'istituto religioso nel quale rimasi per nove anni, anche perché "inseguito" da una sorta di editto di proscrizione, non privo di ragioni.

Giulio, insegnante di Sacra Scrittura, dopo un'esperienza di alcuni anni in Guinea-Bissau, dove si confermò come una persona competente, autorevole e benvoluta da quella comunità, fece una scelta per alcuni inaspettata e non condivisibile, per altri coraggiosa e per coloro che, come il sottoscritto, lo conoscevano bene, assolutamente logica. Quasi inevitabile.

Giulio B. cambiò radicalmente vita. Abbandonò le vesti del religioso e del professore e si mise a lavorare come magazziniere in una ditta del sud-est milanese, fino al raggiungimento della pensione che ottenne circa una ventina d'anni dopo.

La tuta di magazziniere non diminuì la stima e la considerazione nei suoi confronti. Per molti rimase un punto di riferimento importantissimo. Per il sottoscritto, addirittura, una specie di salvagente: al liceo, quando da studente, litigando con i libri e lo studio, mettevo a dura prova i miei insegnanti e quando, con grande fatica, immaginando il futuro cercavo faticosamente di trovare la mia strada; da adulto, quando, in un momento particolarmente difficile della mia vita, il mondo sembrò crollarmi addosso. Allora Giulio disse poco o nulla.

La sua forza era quella di sapermi ascoltare e di condividere il mio disagio, le mie difficoltà e la mia sofferenza.

In quell'occasione, ora posso dirlo, ho rischiato di non riuscire a rimettere insieme i pezzi per riprendere il mio cammino.

Negli incontri in montagna alla Roncola, un paesino del Bergamasco, al mare in Liguria, ma anche a Milano, al Corvetto mangiando una pizza, mi divertivo a far ridere il prof. Giulio e la sua compagna, Elisa. In alcuni momenti risate a crepapelle. Fa parte un po' del mio carattere, ma era anche un modo per dire un grazie, difficile da formulare a parole.

Quando gli raccontai di come uno sbalordito e furibondo insegnante di matematica, all'esame di quinta ginnasio, mi avesse buttato fuori dall'aula d'esame perché, evidentemente in preda all'emozione ma anche condizionato da lacune mostruose, avevo detto che “due triangoli sono uguali perché opposti e paralleli!”, misi a dura prova il suo approccio avalutativo.

Giulio, ridendo di gusto, mi disse: “Cosa ti è venuto in mente?”. Insomma, per un attimo quasi perse il suo stile, ma subito dopo aggiunse: “Prova a spiegarmi come sei arrivato a quella conclusione! A cosa stavi pensando?”. Straordinario! Cercava di ricucire un’affermazione che poco aveva a che fare con i processi logico-matematici, ma che più adeguatamente avrebbe richiesto un intervento... sanitario.

Giulio ci ha lasciato qualche tempo fa.

Lo incontrai, per l’ultima volta, all’ospedale Policlinico di Milano. Le sue condizioni di salute si erano aggravate. Gli dissi: “Ueh, non fare scherzi! Non ti do il permesso di soggiorno per il paradiso!”. Riuscì a sorridere anche sotto la maschera d’ossigeno.

Oggi, nella mia fantasia di mezzo vignettista, lo penso e lo immagino mentre cammina fra gli astri nel cielo, magari, e per lui sarebbe normale, ascoltando il rumore delle stelle.

Ecco, il prof. Giulio mi piace ricordarlo in questo modo e mi ritengo un privilegiato per averlo conosciuto. Era una di quelle persone che augureresti di incontrare ai tuoi figli, alle persone care, ai tuoi amici. E, per il lavoro che faccio, agli studenti di tutte le scuole.

Berger e Luckmann, nel loro libro *La realtà come costruzione sociale*, presentano, in modo originale, le differenze fra la socializzazione primaria e quella secondaria.

Mentre nella socializzazione primaria (la primissima infanzia) siamo estremamente ricettivi, assorbiamo tutto e velocemente, nella seconda le cose cambiano. Regole, informazioni, valori e la stessa formazione che riteniamo di offrire ai nostri ragazzi, infatti, non si radicano più facilmente. Tali acquisizioni richiedono una condizione di base: un contesto formativo e relazioni di qualità. Una comunità che ti sostenga e ti valorizzi. E, soprattutto, alcune figure significative.

Come Giulio B.

Capitolo 8

La scuola che non c'è

Dispersione e insuccesso scolastico

Al ministero dell'Istruzione, università e ricerca risulta che 44.664 studenti hanno abbandonato i corsi della scuola secondaria di secondo grado nell'anno scolastico 2006/2007.

Il primo anno è sempre quello più critico: 16.046 abbandoni.

L'ufficio statistico del ministero segnala anche un dato più recente (a.s. 2008/2009) che fa riferimento agli alunni ripetenti in Italia. In totale sono 209.620, pari al 7,7% del totale degli iscritti (2.716.943) alla scuola secondaria di secondo grado.

I dati statistici relativi alla scuola dovrebbero essere registrati e aggiornati in modo più puntuale e tempestivo. I dati disponibili, tuttavia, sono sufficienti per comprendere la dimensione e la gravità del fenomeno della dispersione e dell'insuccesso scolastico.

Anche le notizie del rapporto annuale Istat (maggio 2011), con il quale si fotografa la situazione dell'Italia nel 2010, non sono confortanti.

La crisi economica ha avuto una ricaduta evidente sui giovani nella fascia d'età tra i quindici e i ventinove anni. Sono i cosiddetti "Neet" (Not in Education, Employment or Training), ossia giovani che si collocano fuori dal circuito formazione lavoro e che, quindi, non lavorano e non seguono alcun corso di istruzione o di formazione.

I giovani Neet, nel 2010, hanno raggiunto la quota di 2.110.000 unità, di cui 1.172.000 femmine e 938.000 maschi.

Ben 988.000 giovani, pari al 46,8% del totale, posseggono al più, come titolo di studio, la sola licenza media.

La maggioranza dei giovani Neet si colloca nel Mezzogiorno: 1.200.000.

Gli stranieri sono 310.000 pari al 14,7% dei giovani Neet.

Con riferimento all'abbandono scolastico, solo otto paesi hanno raggiunto l'obiettivo, fissato nel 2000 a Lisbona, di ridurlo al 10%, e precisamente: Slovacchia, Polonia, Slovenia, Repubblica Ceca, Lussemburgo, Austria, Lituania, Finlandia. Il nuovo obiettivo fissato dall'Europa per il 2020 è quello di portare, entro la fine del decennio, il tasso di abbandono scolastico a un valore inferiore al 10%.

Agli ultimi posti della graduatoria europea troviamo tre paesi con un tasso di abbandono superiore al 30%: Malta, Spagna e Portogallo.

L'Italia è al ventiquattresimo posto, con un abbandono scolastico che, pur registrando un lento miglioramento, si colloca nel 2010 ancora su valori piuttosto critici: 809.000 giovani, pari al 18,8% del totale (fascia d'età 18-24 anni).

Nel caso italiano, gli abbandoni fanno riferimento ad una popolazione che dopo aver conseguito la licenza della scuola secondaria di primo grado, "non ha terminato un corso di formazione professionale riconosciuto dalla Regione di durata superiore ai due anni e non frequenta corsi scolastici o altre attività formative".[40]

Sul totale dei giovani che hanno abbandonato gli studi (809.000), i maschi sono in maggioranza (59,6%). Le femmine al 40,4%.

Nel nostro paese preoccupano non solo i livelli degli abbandoni ma anche la difficoltà di accesso al mercato del lavoro. Paesi, infatti, con valori più elevati di abbandono sco-

40 Rapporto Istat 2011, p. 238.

lastico, riescono a offrire maggiori possibilità di inserimento lavorativo.

Con riferimento alle cause degli abbandoni, si conferma ancora una volta che la dispersione "è condizionata, oltre che dalle caratteristiche dell'offerta formativa, dallo svantaggio sociale e da uno scarso livello d'istruzione dell'ambiente familiare di provenienza".[41]

Più basso è il livello di istruzione dei genitori e più facilmente si può determinare un abbandono scolastico.

L'abbandono e l'insuccesso scolastico sono una sconfitta per tutti: studenti, genitori e insegnanti.

Quando un adolescente decide di abbandonare la scuola siamo in presenza di una perdita di senso della vita scolastica.

Le cause possono essere diverse.

Le ragazze e i ragazzi che abbandonano non riescono più a trovare un significato e un minimo interesse nella loro presenza a scuola. Nelle attività di studio, di laboratorio, di relazione con gli insegnanti e, a volte, anche con i compagni di classe. Provano disagio, sofferenza. Non ce la fanno più.

Lasciare la scuola sembra dare loro la sensazione di togliersi un peso insopportabile. L'abbandono è vissuto come una liberazione.

Vogliono, a tutti i costi, liberarsi dallo studio, dai libri, dalle interrogazioni, dai voti, dalla fatica, dalle pressioni dei genitori e dai giudizi degli insegnanti.

È una fuga da una organizzazione e da un sistema di regole che interferiscono con la ricerca di un benessere non ben definito, confuso.

Un ragazzo iscritto al secondo anno di un istituto tecnico sosteneva, in un colloquio, una curiosa teoria. Conveniva sul fatto che fosse importante, anzi indispensabile, acquisire un diploma di scuola superiore ma, con la stessa convinzione e con molta sufficienza, rigettava qualunque suggerimento a studiare nel pomeriggio, anche solo per pochi minuti.

41 Ivi, p. 241.

Nemmeno il riferimento al suo quadro scolastico, estremamente problematico, riusciva a modificare il suo pensiero.

Dopo aver provato, inutilmente, diversi tipi di approccio, gli dissi: "Ho capito, vuoi andare sul monte Everest in mutande. Attenzione! C'è un problema. Ti gela il pisello e, in queste condizioni, ti devi fermare al campo base e, sull'Everest, amico mio, non ci arrivi".

È una frase che, anche per sdrammatizzare, uso per i casi disperati. In genere, funziona. Può strappare un sorriso e, con un po' di fortuna, stimola una riflessione, un minimo di consapevolezza. Magari una reazione.

In questo caso? Apparentemente nulla.

L'immagine del percorso verso l'Everest, conseguenze comprese, sembrava fosse stata accolta con totale indifferenza. Ma, poi, qualcosa avvenne.

Il ragazzotto, infatti, fino a quel momento resistente e insofferente a qualunque consiglio, mi rispose: "Io voglio stare bene. Voglio passare il pomeriggio con i miei amici. Se non lo faccio ora, poi non mi sarà più possibile".

Davanti a una richiesta di aiuto così importante ma sostenuta da atteggiamenti duri e, apparentemente, irragionevoli, vieni messo in grande difficoltà.

Questo disagio adolescenziale ti lascia senza parole. Porta con sé una tale sofferenza che non puoi banalizzare ma che devi interpretare e comprendere.

La persona con la quale stai cercando di relazionarti, sta male. Ha innescato, forse in modo inconsapevole, una guerra a tutto campo contro una serie di nemici da identificare.

Nel caso specifico, quel disagio richiamava, soprattutto, contesti e situazioni familiari particolarmente critici e conflittuali. Con genitori che avevano fatto "pasticci". Gravi. Scatenando, reciprocamente, una specie di Terza guerra mondiale.

In situazioni di questo tipo, ti senti inadeguato. Hai individuato una delle cause principali di quel disagio ma non riesci a comunicare, a entrare in empatia con la persona che hai davanti a te. Sempre dura. Irremovibile.

La storiella dell'Everest, in qualche modo, ha funzionato e sei arrivato al cuore del problema. Ma non sai come procedere.

Serve un'idea o un'intuizione.

Il mio amico Checco dice sempre che, a volte, per trovare il bandolo della matassa con questi ragazzi serve una "botta di culo".

Una cosa è certa: i libri dell'università e le fredde tecniche del counselling non ti sono di grande utilità. Ti affidi, allora, all'esperienza e ai tuoi... capelli bianchi, anche se un aiuto delle stelle è sempre gradito.

Una più attenta lettura e condivisione delle difficoltà, una maggiore capacità di ascolto e un po' di fortuna (le stelle? Checco?) rappresentano sempre la strada maestra. Ed ecco che il miracolo avviene: riesci a confezionare quell'intuizione e quell'idea che fino a pochi minuti prima sembravano sfuggire.

I super esperti del counselling, amanti delle tecniche più sofisticate, potrebbero storcere il naso, ma, con gli ingredienti di cui sopra, funziona.

Lo testimoniano, quotidianamente, i genitori e gli stessi studenti.

Gli adolescenti, in genere, rifiutano il contatto con gli esperti, ma nel caso citato, qualche giorno dopo, la madre mi riferì il commento del figlio all'uscita dal colloquio: "Non male. Forse ci ritorno".

Trascorse due settimane, infatti, con una telefonata mi veniva richiesto un secondo colloquio.

Non sempre, tuttavia, le situazioni evolvono nel verso giusto e auspicato, e quando non si riesce a comunicare, a offrire un aiuto, un formatore che svolge questo lavoro con passione e competenza, a volte, non ci dorme la notte.

Le richieste delle imprese

Ci deve essere qualcosa che sfugge al mondo della scuola e a coloro che hanno responsabilità in materia di formazione se, oltre alle difficoltà relative ai livelli di dispersione e di insuccesso scolastico, anche l'organizzazione del lavoro non riesce a soddisfare la propria domanda di lavoro in un periodo di crisi economica e con tassi elevati di disoccupazione.

I risultati dell'indagine "Excelsior 2011" dell'Unioncamere presentano un dato preoccupante: su 595.160 assunzioni non stagionali, previste dalle imprese del settore privato, 116.950, pari al 19,7%, sono considerate assunzioni di difficile reperimento (grafico 3).[42]

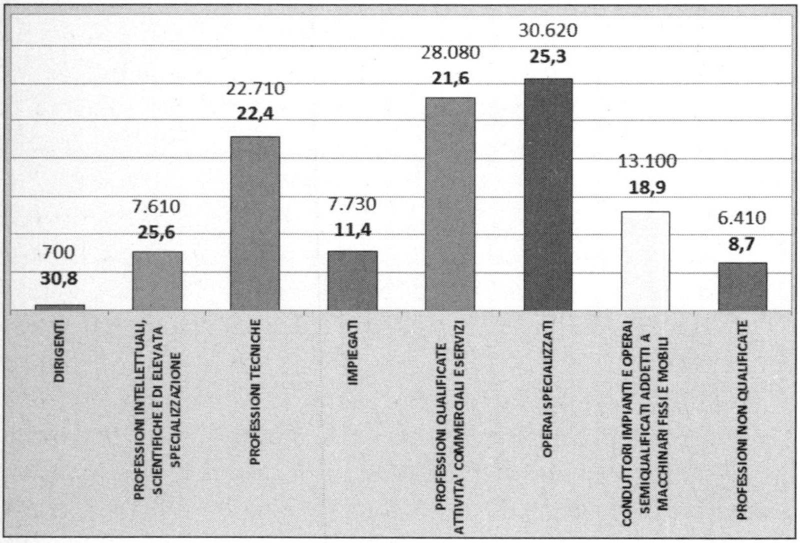

Grafico 3. Totale assunzioni non stagionali, previste dalle imprese per il 2010, considerate di difficile reperimento e per grandi gruppi professionali.

Una difficoltà di reperimento che coinvolge, in valori percentuali, soprattutto i dirigenti (30,8%), le professioni intellettuali, scientifiche e di elevata specializzazione (25,6%) e gli operai specializzati (25,3%), ma anche le professioni tecniche (22,4%), quelle qualificate nelle attività commerciali e nei servizi (21,6%), i conduttori di impianti e gli operai semiqualifi-

42 Sistema informativo Excelsior 2010. Fonte: Unioncamere – ministero del Lavoro.

cati addetti a macchinari fissi e mobili (18,9%), gli impiegati (11,4%) e, infine, le professioni non qualificate (8,7%).

La difficoltà di reperimento è dovuta, soprattutto, alla inadeguatezza dei candidati (59.820, pari al 10,1% del totale delle assunzioni: 595.160), ma anche al ridotto numero di candidati (57.130, pari al 9,6% del totale delle assunzioni).

L'inadeguatezza dei candidati richiama soprattutto la mancanza di una formazione/preparazione adeguata (40,9%) e la mancanza delle caratteristiche personali adatte allo svolgimento della professione (21,5%).

Il ridotto numero di candidati è da riferire al fatto che poche persone esercitano la professione richiesta o sono interessate a esercitarla (63,3%). In altri casi, si evidenzia un ridotto numero di candidati in quanto siamo in presenza di una figura molto richiesta e per la quale c'è molta concorrenza fra le imprese.

Nell'indagine del 2010, per quanto riguarda le professioni caratterizzate da una certa genericità delle prestazioni professionali, si precisava che "non è tanto la loro disponibilità sul mercato del lavoro a fare difetto, quanto piuttosto l'esigenza delle imprese di individuare figure più preparate: non è cioè difficile trovare un impiegato, ma difficile è trovare un buon impiegato". In altri termini: "le imprese stanno diventando più selettive, chiedendo non solo un maggior numero di figure di alto livello, ma anche un maggior grado di preparazione, quale che sia la professione che gli assunti dovranno esercitare, disposte, a tal fine, a una ricerca più approfondita e, se necessario, a tempi di ricerca più lunghi".[43]

Una scuola laboratorio

Tempo fa ho avuto modo di incontrare, in un mercatino in quel di Monza, il dottor Mozzi, medico naturopata. Per alcu-

43 Ivi, vol. I. *Il mondo dei fabbisogni professionali delle imprese italiane per favorire l'occupabilità*, cap. II: *I fabbisogni di competenze e di figure professionali: il possibile* mismatch *rispetto all'offerta di lavoro*, pp. 46 e 47.

ni, una specie di pericoloso talebano della medicina, per altri, un medico preparato, competente e onesto. Di sicuro poco amato dal "mercato" in quanto, in presenza di un problema di salute, non ti suggerisce un farmaco ma ti pone le seguenti domande: "Qual è il tuo gruppo sanguigno? Cosa mangi? Come ti alimenti?".

Mozzi viene ritenuto un medico contro il sistema e per un motivo molto semplice: si chiede sempre il perché. "Perché sei iperteso?" "Perché sei diabetico?" "Perché le tue cellule sono impazzite?" Insomma, si fa quelle domande che tutti i medici e le persone di buon senso dovrebbero farsi.

In quell'occasione, dopo qualche consiglio su una corretta alimentazione e un uso più equilibrato di carne, pesce, cereali, legumi, verdure, formaggi e qualche battuta ironica ed affettuosa sullo stress e le conferenze, Mozzi, venuto a conoscenza del fatto che mi occupavo di orientamento scolastico, mi disse senza tanti fronzoli: "Sarebbe meglio occuparsi più di orientamento al lavoro!". L'invito, forse un po' rude, di Mozzi non ci deve portare a individuare una particolare categoria di persone, quasi dei predestinati, da inviare immediatamente al lavoro.

La nostra Costituzione, a questo proposito, rappresenta, spero per moltissimi anni ancora, un documento efficace, equilibrato e di garanzia per i cittadini italiani, prevedendo che a tutti debbano essere date le stesse possibilità e opportunità. Molti, immagino, conosceranno gli articoli 3 e 34. Rileggerli, comunque, non fa male. Anzi.

- Art. 3. Tutti i cittadini hanno pari dignità sociale e sono uguali davanti alla legge, senza distinzione di sesso, di razza, di lingua, di religione, di opinioni politiche, di condizioni personali e sociali.
- Art. 34. La scuola è aperta a tutti. L'istruzione inferiore, per almeno otto anni, è obbligatoria e gratuita. I capaci e meritevoli, anche se privi di mezzi, hanno diritto di raggiungere i gradi più alti degli studi. La repubblica rende effettivo questo diritto con borse di studio, assegni alle

famiglie e altre provvidenze, che devono essere attribuite con concorso.

Con i dati dell'Unioncamere (Sistema informativo Excelsior 2010) e con la provocazione del dottor Mozzi intendo solo fornire un spunto per riflettere sui seguenti punti:

- la distanza esistente fra ciò che insegniamo a scuola e la vita reale;
- la noia che gli studenti, diverse volte, provano nel seguire le lezioni;
- la nostra difficoltà e/o incapacità nel sollecitare la loro non "immensa" voglia di studiare.

Possiamo partire da quell'enorme patrimonio di cui è ricchissima la nostra letteratura pedagogica: "Il punto è questo: noi impariamo meglio... quando ci troviamo in una situazione che richiede l'uso della cosa che deve venire imparata".[44] È l'opinione di W.H. Kilpatrick che si poneva il problema di raccordare l'apprendimento con una società in piena trasformazione. Sosteneva, inoltre, che: "quel che viene imparato in una situazione vitale offre una quantità di suggestioni e di associazioni che sono la migliore promessa per il suo impiego futuro".[45]

Célestin Freinet favoriva nella sua scuola la ricerca e la sperimentazione modificando, in modo straordinario, l'attività didattica: "Le nostre lezioni sono sempre essenzialmente pratiche [...] non è mai la regola che le suscita e le prepara;

44 W. H. Kilpatrick, *Il fondamento del metodo. Conversazione sui problemi dell'insegnamento*, La Nuova Italia, Firenze 1962, pp. 367-396.
William Heard Kilpatrick (Georgia 1871-New York 1965). Dopo uno studio sulle "case dei bambini" della Montessori pubblicò il saggio *Esame del metodo Montessori*. Molto vicino a Dewey per affinità culturali, filosofiche e democratiche. Denunciò, a più riprese, il carattere chiuso e dogmatico della scuola. Viene ricordato anche per il metodo dei progetti con il quale ridefinì i *curricula* e l'attività scolastica.

45 W.H. Kilpatrick, *Il fondamento del metodo. Conversazione sui problemi dell'insegnamento*, cit., pp. 367-396.

la vita le fa nascere, la regola non è che la conclusione e il compimento critico”.[46]

Le scuole, i livelli e le esigenze di scolarizzazione, le situazioni sociali, economiche e politiche, i contesti e i tempi erano molto diversi, ma le osservazioni di Kilpatrick e Freinet pongono un problema serio e attuale.

Le difficoltà delle aziende a soddisfare la propria domanda di lavoro, i dati relativi ai livelli di dispersione e di insuccesso scolastico e, in particolare, il disagio e le difficoltà delle nuove generazioni suggeriscono un'analisi critica e un cambiamento in merito ai metodi e ai contenuti dell'insegnamento, alle caratteristiche degli indirizzi formativi, alla qualità delle relazioni e al rapporto tra scuola e realtà socioeconomica.

In attesa di una improbabile rivoluzione copernicana, chiediamoci, almeno, come vorrebbero la scuola i nostri figli, i nostri adolescenti. Molti studenti, infatti, ritengono di essere sempre stati i grandi assenti nei vari progetti di riforma presentati in questi ultimi decenni.

I problemi, le difficoltà, le capacità e i desideri espressi, non sempre in modo esplicito, dagli studenti delle scuole secondarie di secondo grado evidenziano l'esigenza di costruire e realizzare una scuola nuova, diversa. Una scuola intesa come uno straordinario laboratorio di ricerca.

Un laboratorio con un diverso approccio ai saperi, ai temi culturali e sociali, ai linguaggi artistici e con spazi non residuali per le attività musicali, teatrali e sportive. Un sistema aperto, sensibile e attento a individuare e a valorizzare le diverse intelligenze, con una concezione dello sviluppo

46 C. Freinet, *La technique Freinet*, Ed. l'École Moderne Française, Cannes 1937; tr. it. in C. Freinet, *Nascita di una pedagogia popolare*, La Nuova Italia, Firenze 1955, pp. 135-195.
Célestin Freinet (Gars 1896-1966). Ebbe sempre come punto fondamentale di riferimento la scuola popolare. Fu una figura importante in molti congressi e convegni sui temi pedagogici. Nel 1927 pubblicò il volumetto *L'imprimerie à l'école*. Aprì una sua scuola a Poulier. Nel 1945, dopo aver partecipato alla Resistenza francese, fondò “L'Educateur”.

dell'individuo inteso non in modo frammentato ma in modo integrato.

L'obiettivo imprescindibile è quello di valorizzare la persona nel suo insieme, con tutte le sue componenti cognitive, affettive, emozionali e relazionali.

Goleman, inascoltato, osserva: "Il repertorio delle capacità umane si spinge ben oltre la stretta banda di abilità verbali e numeriche sulla quale tradizionalmente si concentra la scuola".[47]

"La scuola che non c'è" richiede, inoltre, risorse vere e non ballerine. Senza che si dissolvano nelle infinite e confuse voci di bilancio, e, possibilmente, un po' più al riparo da quelle continue emergenze che nel nostro paese si traducono spesso in tagli di spesa sulla formazione e sulla ricerca.

"La scuola che non c'è" richiede, insieme a un riconoscimento più adeguato delle professionalità esistenti, una rivisitazione critica del ruolo e delle responsabilità di tutti gli operatori scolastici.

"La scuola che non c'è" deve qualificare una formazione con programmi meno vincolanti e utilizzare un sistema di valutazione non imprigionato in un confronto asfittico fra obiettivi e risultati.

Gli adolescenti non amano una scuola competitiva. E, quando questa lo diventa, non è un bel segnale. Per gli studenti e per la scuola.

Una scuola orientativa

"La scuola secondaria superiore deve costituire una struttura unitaria articolata nel suo interno tramite un sistema di materie o attività comuni, altre opzionali e altre anco-

47 D. Goleman, *Intelligenza emotiva*, Rizzoli, Milano 1996, p. 57.
Daniel Goleman (Stockton, California, 1946), psicologo cognitivista, professore di Psicologia a Harvard e autore di numerosi libri. In particolare: *Intelligenza emotiva* (1996), *Menzogna, autoinganno, illusione* (1998), *La forza della meditazione* (2000), *Lo spirito creativo* (2001, con Paul Kaufman e Michael Ray) ed *Essere leader* (2002, con Richard E. Boyatzis e Annie McKee).

ra elettive, tali da permettere un progressivo orientamento culturale in direzioni specifiche. L'asse pedagogico comune assicura, in forme non rigide, una preparazione linguistica-logico-matematica e tecnologico-scientifica, e un'apertura critica sui problemi storico-sociali. Le scelte individuali lo integrano senza compartimentazioni cristallizzate."[48]

È il primo dei dieci punti conclusivi elaborati dagli esperti riuniti in un importante convegno a Frascati nel 1970.

Sarebbe bastato, infatti, rileggere con più attenzione quella relazione finale per predisporre riforme più efficaci e per fare meno danni nella scuola secondaria di secondo grado.

Non a caso, a partire dai primi anni settanta, gli Itsos (Istituti tecnici statali a ordinamento speciale) avevano avviato una sperimentazione di ordinamento che si fondava su un'ipotesi di scuola secondaria superiore a struttura unitaria, articolata in un biennio orientativo e in un triennio formativo e professionalizzante. Orientamento, formazione e professionalità erano i punti cardine sui quali gli Itsos si misuravano e facevano le prime esperienze, con l'obiettivo di realizzare cambiamenti significativi nella scuola secondaria superiore.

Oggi, con i nuovi provvedimenti, l'esperienza degli Itsos è stata definitivamente cancellata. Un vero peccato!

Hanno buttato alle ortiche anni di esperienza e di sperimentazioni senza chiedersi: "Be', come è andata? Che risultati hanno ottenuto? Che problemi si sono presentati? Ci sono suggerimenti?". Niente di tutto questo.

È la conferma che la memoria e la scuola sono in conflitto permanente. E, a quanto pare, gli esperti in materia sono poco considerati.

48 G. Canestri, G. Ricuperati, *La scuola in Italia dalla legge Casati ad oggi*, Loescher Editore, Torino 1985, p. 373.
Il Convegno di Frascati si tenne presso il Centro europeo dell'educazione, a villa Falconieri, Frascati, nei giorni 4-8 maggio 1970. Il convegno aveva come tema centrale i nuovi indirizzi dell'istruzione secondaria. Si trattò di un incontro di esperti convocato dal governo italiano in collaborazione con l'Ocse (Organizzazione per la cooperazione e lo sviluppo economico) e con il Ceri (organismo specializzato dell'Ocse).

Il rammarico, per come è finita l'esperienza degli Itsos, viene accentuato dal fatto che gli studenti desiderano una scuola secondaria di secondo grado, soprattutto nei primi due anni, fortemente orientativa, con percorsi di approfondimento nelle principali aree tematiche che caratterizzano gli indirizzi formativi. Una scuola che, nel caso si presentasse l'esigenza di cambiare corso di studi, non li sottoponga a incredibili corse a ostacoli e a vere e proprie *viae crucis*. Con un seguito di difficoltà e problemi, anche gravi, che investono gli studenti e le loro famiglie.

Tempo fa, ho cercato di inserire al secondo anno di un liceo linguistico una ragazza di un paese del Medio Oriente. Il problema era il seguente: la ragazza parlava "solo" l'arabo, l'inglese e, già discretamente, l'italiano.

Non potete immaginare le difficoltà che ho incontrato in questa ricerca. Una specie di giro (telefonico) delle sette chiese. Quasi sempre travolto inesorabilmente da un linguaggio pazzesco: il burocratese scolastico.

È vero, ci sono delle norme, ma la loro interpretazione dipende dalla intelligenza e dal buon senso dei dirigenti scolastici, dei docenti e, diciamolo sottovoce, dal numero degli iscritti.

L'ho provato personalmente, passando una mattina intera a cercare di trasferire una ragazza in un liceo linguistico.

La ragazza aveva frequentato, con risultati eccellenti, i primi due anni in un noto liceo linguistico milanese, ma, per ragioni che non qualificano quell'istituto, aveva deciso di abbandonarlo.

La difficoltà nella richiesta di trasferimento era dovuta al fatto che, dai primi anni novanta in avanti, i licei linguistici si erano organizzati in base a una serie di progetti sperimentali: il progetto Brocca, i corsi che facevano riferimento alla circolare 27, alcuni progetti linguistici atipici e, dal 1997/1998, i corsi cosiddetti dell'autonomia con i quali, in otto istituti della città di Milano, si sperimentavano alcune novità nella scuola secondaria superiore.

Le diverse sperimentazioni linguistiche hanno comportato qualche differenza, peraltro trascurabile, nelle materie dei primi due anni.

Con queste premesse ho iniziato la mia ricerca con una discreta dose di ottimismo, sperando nelle lungimiranza dei presidi.

Ecco la prima risposta di un dirigente scolastico, sorpreso e anche un po' infastidito dal mio tentativo di inserire la ragazza nel suo liceo linguistico: "Professore, non è possibile! Lei non conosce la normativa!".

Devo dire che, conoscendolo, la sua risposta non mi ha sorpreso più di tanto.

Io, comunque, ci ho provato.

Una serie di *non possumus*, ripetuti con severità da diversi responsabili di istituto, ha poi scandito la mia mattinata di lavoro. Con una "perla" di questo tipo: "Da noi si fa un inglese più robusto!".

"Si vede che possono utilizzare un personal trainer!" mi urla, dal bagno, Checco. In questo caso, paradossalmente, aiutandomi a non mandare a quel paese l'improvvido interlocutore, a ritrovare il mio buonumore e a riprendere le mie telefonate. Lo dico sottovoce, sperando che non mi senta, ma, almeno per una volta, mi sembra doveroso: "Grande Checco!".

Verso mezzogiorno, quando ormai le mie speranze sembravano svanire, Michele, un dirigente scolastico responsabile (che il Padre eterno ce lo conservi...), di buon senso e a conoscenza, come il sottoscritto, della "normativa", mi disse: "Me la porti. Per l'eventuale esame integrativo interverremo in corso d'anno".

Alleluia!

Il tempo scuola e la presenza dei docenti

Tempo fa, ho partecipato a un corso di formazione sul tema "La sicurezza nei posti di lavoro".

Ho osservato con attenzione le dinamiche di gruppo. La ricerca del posto, gli sguardi, i livelli di attenzione e alcuni rari interventi che riproponevano, ma in modo più divertente, vecchi schemi adolescenziali.

Con un dato particolarmente curioso: la richiesta iniziale, quasi corale, della pausa caffè per interrompere le previste tre ore di formazione.

Pausa rivelatasi, comunque, non sufficiente per consentirci di arrivare indenni e non troppo provati psicologicamente alla fine della mattinata.

Le tre ore, infatti, venivano interrotte con improbabili progetti pipì, o meglio ancora, con il ricorso al salvifico telefonino di servizio.

Micidiale la prima parte del corso: un elenco di leggi, responsabilità, procedure, dispositivi, strumenti e materiali di lavoro anche interessanti ma trasmessi da una docente con un tono di voce basso, lineare, sempre uguale. Una noia mortale.

Nella sospirata pausa caffè ho pensato subito alle difficoltà che, quasi quotidianamente, mi presentano diversi studenti delle scuole secondarie di primo e di secondo grado.

Una di queste possiamo spiegarla e tradurla con una domanda: quanto è utile e formativo per un adolescente rimanere cinque o sei ore in aula? In base a quali presupposti di tipo pedagogico o psicologico possiamo pretendere un livello di attenzione e di interesse accettabili?

Un minimo di onestà professionale dovrebbe farci giudicare assurda questa condizione "formativa".

Ecco il punto: le ragazze e i ragazzi delle nuove generazioni pensano e desiderano una scuola con meno ore di aula, ma vogliono docenti presenti per più tempo a scuola su attività diverse.

I docenti-meteore che arrivano in classe, scaricano il loro sapere e poi, tranne alcune eccezioni, spariscono dalle attività e dalla vita dei nostri ragazzi, non sono apprezzati.

"La scuola che non c'è" pretende, invece, docenti presenti e impegnati anche in altri momenti della vita scolastica: partecipare a un cineforum, a uno spettacolo teatrale, a incontri di pratica musicale, effettuare una ricerca, un'indagine insieme all'insegnante di latino, di matematica, di diritto o di elettronica. Misurarsi con qualche attività pratica. Qualche lavoro utile per la scuola.

Trovare alcuni momenti per fare un po' di conversazione su temi che investono la vita di ogni giorno: i successi, le difficoltà, i desideri, il futuro...

Le relazioni, nella nuova organizzazione scolastica, non devono esaurirsi nella solita dinamica docente-discente, ma devono qualificarsi anche in un sistema meno gerarchico. Più vicino alle relazioni sociali. Più normale.

Un tempo, uno spazio di comunicazione e di vita, senza l'angoscia delle verifiche e dei voti e al di fuori della normale attività didattica.

Per gli studenti, un'occasione importante per conoscere meglio i docenti. Vederli, valorizzarli e giudicarli sotto una luce diversa. In una nuova prospettiva.

Per i docenti, una grande opportunità per comprendere gli studenti. Conoscerli e apprezzarli oltre i voti, i compiti in classe e le abilità scolastiche.

Molti, fra gli attuali studenti, sono certi di riuscire a valorizzare e a esprimere, in questo nuovo contesto, personalità, capacità e competenze.

Con una ricaduta positiva anche nelle attività più specificatamente didattiche.

Le materie e i programmi

Nel 1920, quasi un secolo fa, Claparède auspicava per le classi superiori degli istituti secondari la seguente organizzazione:

> [...] diminuire notevolmente il numero delle ore settimanali obbligatorie di lezione. Il che lascerà un margine per le diverse combinazioni che si intendono effettuare. Diciamo venti

ore per settimana. È la dose ammessa per i licei francesi e mi sembra sia del tutto sufficiente. La metà circa di queste ore di lezione dovrebbero essere comuni a tutti gli alunni. Esse sarebbero dedicate allo svolgimento del programma minimo, degli elementi o dei fondamenti di ciascuna disciplina. Le altre dieci ore che ogni scolaro sarebbe obbligato a seguire, ognuno potrebbe sceglierle e combinarle liberamente fra quelle contenute nell'orario generale (come avviene nelle università).

e aggiungeva:

Vorrei tuttavia far rilevare che la diminuzione del numero delle lezioni permetterebbe di attribuire maggior importanza ai lavori individuali. Vi dovrebbero essere pei nostri istituti grandi aule di lavoro, con biblioteca, dizionari, collezioni ecc., che gli scolari potessero recarsi a consultare liberamente. Un insegnante speciale dovrebbe essere addetto a tale biblioteca per dare agli studenti i consigli e le indicazioni che essi chiedessero. Molti giovani non possono trovare nelle loro case la tranquillità necessaria a un lavoro personale e fecondo; sarebbe naturale che la scuola offrisse loro una larga ospitalità.[49]

Gli obiettivi di Claparède, ovviamente datati, si riferiscono a istituzioni scolastiche e a contesti molto diversi. Le proposte di ingegneria organizzativa sulla scuola superiore del secolo scorso possono destare perplessità o potrebbero non essere condivise affatto, eppure trovo stimolante e interessante la sua idea di scuola.

Apprezzo, soprattutto, il desiderio e il tentativo di realizzare un contesto formativo più dinamico. Non imprigionato e bloccato nelle attività di aula e con un rapporto più equilibrato fra attività didattiche, lavorative, culturali e di ricerca.

La scuola attuale ha ereditato, mantenuto e potenziato un sistema formativo ipertrofico. Una organizzazione più funzionale alla conservazione di una miriade di materie e di

49 E. Claparède, *La scuola su misura*, cit., p. 257.

cattedre che alla valorizzazione delle intelligenze e dei talenti. Gli studenti che frequentano i corsi del settore tecnologico, per esempio, devono studiare, nel solo biennio, tredici materie. Complessivamente nei cinque anni: diciotto o diciannove.

Sono certo che alcuni studenti di mia conoscenza sarebbero in difficoltà a ricordare, a memoria, semplicemente il nome delle materie.

"La scuola che non c'è" richiama l'esigenza di realizzare un contesto formativo nel quale si superi il concetto di materia e di programma a favore di alcune importanti aree tematiche e di ricerca. Con un confronto aperto, continuo e coinvolgente.

Una scuola ferma su schemi rigidi di apprendimento risulta anacronistica. Lontana da quella situazione ideale che dovrebbe, invece, qualificare un vero laboratorio nel quale si devono preparare i cittadini di domani.

L'autoreferenzialità, componente tipica e indispensabile delle organizzazioni, deve essere superata e qualificata con un'apertura verso l'esterno.

Con una scuola più aperta al territorio, alle risorse culturali, laiche e religiose, alle realtà e unità produttive e socioeconomiche.

"La scuola che non c'è" deve offrire, alle ragazze e ai ragazzi delle nuove generazioni, un percorso formativo con programmi meno rigidi, meno vincolanti. Mi riferisco a quei programmi da finire in fretta. Capitolo per capitolo, paragrafo per paragrafo, punto per punto. Con grande soddisfazione del docente di turno. Magari già nel mese di aprile, ma con la rassegnazione, almeno per molti studenti, di essere stati coinvolti in una frenetica presentazione di capitoli e pagine varie. Con argomenti approfonditi e valutati con la velocità della luce e con la sensazione, a fine anno scolastico, di ritrovarsi in una sorta di vuoto assoluto. Con poche informazioni e conoscenze, lontane e difficilmente collegabili alla vita di ogni giorno.

Informazioni e nozioni che, risucchiate e subito volatilizzate in una specie di RAM[50] formativa, vengono bruciate o evaporano nel corso di una breve estate.

La scuola degli adolescenti deve offrire stimoli e solide garanzie per contribuire a delineare una società nella quale i nostri studenti dovranno assumere responsabilità personali, familiari, professionali e sociali.

"La scuola che non c'è" deve essere una scuola con "i piedi per terra". Un percorso da vivere con passione, impegno e fatica, ma non con noia o, peggio ancora, con ansia e sofferenza.

La valutazione scolastica

In questi ultimi anni, molti studenti iscritti ai licei mi hanno allietato segnalandomi alcuni voti. Dal mio stupidario scolastico ne cito solo alcuni, fra i più interessanti: un 5,4 in un compito di greco, un 4,9 in una traduzione di latino, e un 6 in un compito di inglese. Voto che, per essere esatti, diceva la premurosa insegnante di un famoso liceo linguistico milanese, era un 5,95. Ultimo voto segnalato, un 2 meno, meno, meno in matematica. Materia, in questo caso, definita "putribonda!" dallo studente di un liceo scientifico. Un'opinione, se volete, discutibile, ma sicuramente non migliorata dai voti in questione.

Come dobbiamo commentare l'insegnante che, verso la fine del mese di maggio e, quindi, a pochi giorni dalla fine dell'anno scolastico, si rivolge a un suo studente dicendo: "Bello mio, hai solo un voto! E negativo! Come facciamo?"?

Una domanda: questo studente, durante l'anno scolastico, dov'era? Avrà respirato qualche volta? Avrà partecipato a una discussione di gruppo su qualche argomento di letteratura, di storia o di filosofia? Come si è espresso? Che co-

50 La RAM (Random Access Memory) è una memoria volatile, temporanea, che si resetta a ogni nuova accensione del computer.

noscenze ha dimostrato di possedere? Quale capacità critica e speculativa è riuscito a esprimere? Ha fornito contributi interessanti per il gruppo classe? E, soprattutto, dove era l'insegnante? È mai possibile che debba affidare, a fine anno, un suo giudizio e una sua valutazione solo abbarbicandosi al voto di un maledetto compito in classe?

Queste situazioni mi fanno impazzire. Mi fanno una rabbia indescrivibile, e... mantengo Checco chiuso nel bagno!

Dove nasce questo sistema di valutazione? Chi lo alimenta? Ma che roba è?

Si dice che queste valutazioni e questi criteri sono utilizzati nei paesi cosiddetti avanzati in campo formativo. E se anche fosse, per quale motivo dobbiamo importare le schifezze altrui?

Certo risulto un po' irriverente e, forse, provocatore, quando dico che, in questi casi, il problema sembra più di tipo sanitario-psichiatrico che formativo, ma, con tutta la buona volontà e anche di più, non riesco proprio a condividere questa valutazione, chiusa e imbrigliata in una folle logica di tipo matematico.

Una valutazione cieca che rappresenta, non me ne vogliano i docenti, le nostre insicurezze e incapacità e che alimenta solo grande frustrazione.

Lo conferma molto bene, in un suo scritto, Galimberti: "Un eccesso di frustrazione, come nel caso di voti troppo bassi distribuiti nel nome dell'oggettività delle prove, senza il minimo sospetto che dietro le prove c'è qualcuno che ci prova e che si mette alla prova, sposta altrove la ricerca del riconoscimento senza il quale non si costruisce alcuna identità e quindi non si può vivere".[51]

Daniel Pennac ci ricorda quanto diceva ai suoi allievi il prof. Bal, suo insegnante di matematica: "Credete di non sapere niente, ma vi sbagliate, sapete una gran quantità di cose! Guarda Pennacchioni, lo sapevi di sapere questo?". E aggiunge: "Certo quella maieutica non bastò a fare di noi dei

51 U. Galimberti, *L'ospite inquietante. Il nichilismo e i giovani*, cit., p. 34.

geni della matematica, ma per quanto profondo fosse il nostro pozzo, il professor Bal ci portò tutti al livello dell'orlo: ammessi con il sei alla maturità!".[52]

Un miracolo? Non credo, ma un segreto sì! Ed è lo stesso Pennac a svelarlo: "Bal era impastato della propria materia e dei propri allievi [...] e a noi non sarebbe mai venuto in mente di prenderlo in giro, tanto era convincente la sua felicità di insegnare".[53] Dove sei, professor Bal?

Il gruppo, le regole e la responsabilità

La professoressa Mastrocola, con abilità, senso dell'umorismo e comprensibile amarezza, prende spunto dai suoi studenti per rappresentare una generazione che "dice esplicitamente, con le parole e con i gesti [...] che la scuola non le piace. Però non se ne sta conseguentemente a casa, no, la scuola la frequenta eccome: in fondo la ritiene un luogo ameno, dove non si sta poi così male, anzi, si vedono gli amici, si fanno quattro chiacchiere, si mostrano i vestiti nuovi e il motorino fiammante, si conoscono ragazze carine, insomma si figheggia un po' in giro qua e là".[54]

È una generazione che "a scuola ci va, sì, ma a dispetto della sostanza stessa della scuola, che sarebbe il fatto di dover studiare".

Insomma, questi studenti hanno creato un interessante stile di vita, "vanno a scuola ma non studiano", realizzando, di fatto e in modo originale, "una specie di avversativa concessiva".

La lettura del Mastrocola-pensiero mi mette un po' in difficoltà perché vorrei fare qualche considerazione sulla qualità di un gruppo classe, di un gruppo di lavoro. Ci provo comunque, partendo da alcuni interrogativi.

52 D. Pennac, *Diario di scuola*, Feltrinelli, Milano 2008, p. 210.
53 Ivi, p. 209.
54 P. Mastrocola, *Togliamo il disturbo. Saggio sulla libertà di non studiare*, Guanda, Milano 2011, p. 53.

È possibile far nascere in un gruppo di studenti, con le caratteristiche descritte, un interesse per il brano "Erminia tra i pastori" della *Gerusalemme liberata* di Torquato Tasso? Stimolare e coinvolgere un gruppo insensibile ai turbamenti di Erminia che giunge "del bel Giordano a le chiare acque"?

È possibile accompagnare, in un percorso scolastico, lo stesso gruppo classe, aiutando gli studenti ad acquisire le competenze richieste dall'organizzazione del lavoro? La capacità di lavorare in gruppo, in un team di lavoro? di relazionarsi con i clienti? di risolvere i problemi? È possibile fare in modo che questa nuova generazione riesca a impossessarsi dei requisiti di professionalità indispensabili per potersi muovere e lavorare in una azienda? In un ospedale? In una amministrazione pubblica?

Non è facile stabilire un collegamento fra il gruppo classe, sopra descritto, con le richieste del mondo del lavoro e la realizzazione professionale. Eppure, ne sono certo, fra gli studenti della Mastrocola ci sarà qualche ragazza o ragazzo che diventerà avvocato, commercialista, ingegnere, medico o, magari, chef di alto livello.

Persone alle quali dovremo far riferimento per qualche vertenza legale, per il nostro 730, per costruire un ponte o un edificio, per curare la nostra salute o per avere consigli sulla alimentazione.

Considerando, ora, la loro idiosincrasia nei confronti di "Erminia tra i pastori" e il loro approccio di tipo "avversativo-concessivo" che si traduce in una marcata insofferenza allo studio, cosa permetterà loro di assumere competenze professionali di grande responsabilità?

Ci deve essere qualcosa, un filo d'Arianna che ci sfugge ma che consente agli adolescenti delle nuove generazioni di uscire dalla palude scolastica e avere un futuro professionale di qualità.

Sono cambiati gli stili di apprendimento? È possibile.

Ha ragione Antinucci quando parla di apprendimento "percettivo-motorio"?[55] Di una conoscenza per esperienza? Difficile non riconoscerlo.

Oppure Baricco quando si riferisce a una generazione con "le branchie"? Cioè, ai nuovi barbari, super esperti di Google, Wikipedia, Facebook e multimedialità varie. Sulle branchie, sorridendo, dico che si può discutere ma trovo molto simpatica e realistica l'idea dei nuovi barbari e delle loro competenze. Dobbiamo mettere, allora, definitivamente in soffitta l'apprendimento simbolico ricostruttivo che, fra l'altro, consentirebbe di affrontare, per dirlo con la Mastrocola, "quella cosuccia della *Divina Commedia*"? Non credo.

Ci deve essere un minimo comune denominatore che forse non consideriamo con attenzione e che, includendo i nuovi stili di apprendimento, le difficoltà segnalate e i limiti adolescenziali, consenta il passaggio delle generazioni senza andare verso il disastro.

Un *quid*, un qualcosa a noi invisibile ma che ha la capacità di memorizzare i disperati e, secondo noi, inutili tentativi di misurarsi con Dante e Torquato Tasso, di esprimere un naturale e velocissimo apprendimento di Word e dei vari pacchetti applicativi di informatica, utilizzando le branchie... e il pensiero in superficie, ma di andare, poi, oltre, innescando lo studio, la ricerca e la responsabilità.

Ritorniamo al gruppo classe.

Il gruppo è un laboratorio nel quale entrano in scena due attori principali: l'insegnante e lo studente: il primo, con la sua storia, le sue esperienze, le competenze, le capacità di comunicazione e di relazione, la pazienza, la disperazione, i suoi dubbi e anche i suoi limiti; il secondo, con le sue aspettative, i desideri, i timori, gli entusiasmi, la noia, le difficoltà, i disagi adolescenziali, le passioni, le relazioni, la capacità o, molte volte, l'incapacità di fare fatica e di studiare.

55 F. Antinucci, *La scuola si è rotta. Nuovi modi di apprendere tra libri e computer*, Laterza, Roma-Bari 2001.

Gli insegnanti, per difendere la qualità della formazione e i valori scolastici riconosciuti come pietre miliari della nostra storia, devono imparare a predisporre e a innovare metodi di insegnamento, di comunicazione e di relazione, modulandoli sulle caratteristiche degli studenti.

A cogliere e valorizzare capacità, risorse e potenzialità che, molte volte, nelle attività didattiche faticano a emergere.

A utilizzare un sistema di valutazione autorevole e responsabilizzante.

A sostenere un processo continuo di rimotivazione delle persone e del gruppo.

Gli adolescenti, a loro volta, hanno l'opportunità di costruire relazioni e un personale progetto di vita, assumendo, giorno dopo giorno, responsabilità, regole, valori e di appassionarsi, almeno un po', allo studio.

Possono migliorare la capacità di comunicare con i compagni. Anche con quelli più in difficoltà e che possono sembrare distanti o, addirittura, antipatici. Provando a valorizzarli. A includerli. Magari sorprendendoli con giudizi positivi.

La scuola e la famiglia sono due luoghi cruciali nella costruzione della identità delle persone.

Contesti famigliari lacerati ed estremamente conflittuali ma anche situazioni nelle quali i genitori si ritrovano impastoiati in un surreale e nocivo clima egualitario con i figli, possono compromettere la qualità delle relazioni, determinando l'impossibilità di trasmettere autorevolezza, amore, regole e valori.

Anche per questi motivi, è importante che la scuola realizzi momenti di aggregazione che consentano ai nostri studenti di misurarsi con lo studio, la lettura, le attività di laboratorio e di ricerca, ma anche e soprattutto con un'etica dei comportamenti e con un sistema di regole ragionate, decise insieme, sostenute e verificate nel gruppo di studio e di lavoro.

Il gruppo, le dinamiche di gruppo, lo studio, i compiti, le regole, le responsabilità, le decisioni, i conflitti, le disponibilità, le resistenze, i successi, le sconfitte offrono agli insegnanti e agli studenti una incredibile palestra di crescita umana e professionale.

Sono convinto che la vita e le relazioni nel gruppo classe rappresentino, da un punto di vista dell'apprendimento reciproco, una miniera d'oro.

Nella vita di gruppo, infatti, può materializzarsi quel *quid* che rappresenta anche la sintesi ideale fra il linguaggio delle parole e il linguaggio delle emozioni. Fra gli adulti e gli adolescenti.

Un *quid* inteso come un lievito universale e unificante. Uno strano impasto indispensabile per favorire e garantire un passaggio positivo delle generazioni.

È il miracolo che si rinnova e che viene determinato dall'incontro graduale fra le conoscenze, le passioni, i successi, gli insuccessi, le difficoltà, le resistenze, la fatica, le regole, le esperienze, i valori, la stima, la gratificazione e che consente alle generazioni, che si succedono nei secoli, di fare un salto di qualità. Di crescere e di progredire.

Invece, in alcuni momenti della nostra vita, i nostri giudizi, le nostre affermazioni, i nostri comportamenti, la tristezza e le delusioni che proviamo, sembrano rappresentare un mondo degli adulti che, inconsapevolmente, ha quasi dichiarato guerra agli adolescenti.

Noi adulti non dobbiamo mai dimenticare che gli adolescenti sono incredibili. Un giorno possono dimostrarsi spietati con i genitori, con gli insegnanti e anche con i propri coetanei e, il giorno dopo, dimostrarsi sensibili, attenti e generosi.

Un gruppo solidale, curioso, appassionato e interessato a costruire un sistema di relazioni di qualità, magari non farà subito salti di gioia con il brano "Erminia tra i pastori" della *Gerusalemme liberata* di Torquato Tasso, ma, dopo qualche esitazione, potrebbe cominciare a sbirciarlo con un po' di curiosità.

E, fra qualche anno, quel ragazzotto di un liceo scientifico torinese che durante una interrogazione se ne stava, senza vergogna, con le gambe accavallate e con lo sguardo fisso su vita e opere di un determinato autore di cui non sapeva assolutamente nulla, ecco, quel ragazzotto, nel suo reparto dove lavorerà come medico, leggendo fra un turno e l'altro le *Lezioni americane* di Calvino, commenterà: "Quante ne abbiamo combinate con la prof. Mastrocola".

La scuola e gli studenti con Dsa

"Signora, oggi ho constatato che XY non è in grado di fare le divisioni e neanche le moltiplicazioni. XY ha detto che a scuola ha sempre utilizzato la calcolatrice e questo non è un buon metodo. Per casa si eserciterà con divisioni e moltiplicazioni, altrimenti non può seguire il programma."

"Fai gli esercizi che ci sono sul quaderno degli appunti e ripeti bene le tabelline. Studia."

Sono i messaggi scritti sul diario e trasmessi alla madre di un ragazzo iscritto al primo anno di un istituto professionale da parte dell'insegnante di sostegno. Messaggi che conservo, in fotocopia, nel mio archivio.

Nel caso specifico, l'insegnante non aveva preso visione della certificazione formulata dagli esperti delle Uonpia (Unità operativa di neuropsichiatria dell'infanzia e dell'adolescenza) e regolarmente consegnata ai responsabili della scuola.

Nell'atto, redatto dalla neuropsichiatra, dopo aver evidenziato anche alcune difficoltà che hanno suggerito la richiesta di un insegnante di sostegno, si legge quanto segue: "Difficoltà di automatizzazione assimilabili a discalculia evolutiva di livello severo. Il disturbo ostacola prevalentemente la rapidità di esecuzione del calcolo a mente, l'immagazzinamento dei fatti aritmetici rendendo faticoso il recupero del risultato delle tabelline e la capacità di enumerazione riversa".

Nelle conclusioni si precisa che XY "ha diritto ad usufruire di tutti i provvedimenti dispensativi e compensativi previsti dal Ministero della Pubblica Istruzione e dall'Ufficio Scolastico Regionale per la Lombardia".

E, per maggior scrupolo, si evidenzia ancora: "Le difficoltà nel recupero dei fatti aritmetici suggeriscono l'uso della calcolatrice, in modo da destinare l'attenzione alla parte concettuale ed al problem solving matematico".

Nella scuola secondaria di primo e di secondo grado si registra, da parte dei docenti e dei dirigenti scolastici, un lento ma graduale miglioramento in merito alla gestione delle problematiche relative alle ragazze e ai ragazzi con disturbi specifici dell'apprendimento: più informazioni, più competenze e una maggiore sensibilità e attenzione.

Nel merito, tuttavia, i ritardi della scuola sono ancora molto evidenti e, in qualche caso, preoccupanti. Resistenze, luoghi comuni e vere e proprie assurdità lasciano veramente sbalorditi.

Un dirigente scolastico di un istituto superiore commentava un po' di tempo fa con alcuni suoi collaboratori: "Questi dislessici vogliono avere un sacco di privilegi!".

Non c'è, quindi, da meravigliarsi se troviamo molti studenti reduci da percorsi scolastici nei quali si sono sentiti incompresi, giudicati e feriti mortalmente dagli insegnanti e anche dai loro coetanei.

Purtroppo, fino a qualche anno fa, le difficoltà relative alla dislessia, la disgrafia, la disortografia e la discalculia venivano individuate troppo tardi. Alle scuole medie e, a volte, addirittura alle scuole superiori. Con le conseguenze che possiamo immaginare sul piano dell'apprendimento, delle relazioni e dell'autostima personale.

Il percorso scolastico per uno studente con disturbi dell'apprendimento, anche in situazioni riconosciute e sostenute dagli insegnanti, si configura come un percorso problematico. Una corsa a ostacoli.

Questi studenti si sentono addosso gli occhi, la compassione e i giudizi ingenerosi di alcuni coetanei. Diventano insofferenti a quei commenti stupidi che, molte volte, li accompagnano nella loro giornata scolastica. Non si sentono accettati. Si sentono diversi e meno capaci.

Non è raro il caso, infatti, di studenti che, pur avendone diritto, non vogliono utilizzare gli strumenti compensativi o dispensativi.

Oggi, possiamo dire che si sono fatti progressi interessanti, perché, in genere, tali problematiche vengono individuate già in seconda o terza elementare, ma la scuola è ancora in grave ritardo.

In questi anni sono state emanate sia a livello ministeriale[56] sia a livello regionale,[57] diverse note e circolari in merito ai diritti degli studenti con disturbi dell'apprendimento. Atti, in genere, non conosciuti o, comunque, disattesi.

Nel mese di ottobre 2010 il parlamento ha approvato la legge n. 170: "Nuove norme in materia di disturbi specifici di apprendimento in ambito scolastico (10G0192)".

L'articolo 1, punto 1: "La presente legge riconosce la dislessia, la disgrafia, la disortografia e la discalculia quali disturbi specifici di apprendimento, di seguito denominati Dsa, che si manifestano in presenza di capacità cognitive adeguate, in assenza di patologie neurologiche e di deficit sensoriali, ma possono costituire una limitazione importante per alcune attività della vita quotidiana". Il punto 5: "Ai fini della presente legge, si intende per discalculia un disturbo specifico che si manifesta con una difficoltà negli automatismi del calcolo e dell'elaborazione dei numeri".

La legge 170 ha colmato un vuoto legislativo. Un passo molto importante e nella giusta direzione. Non credo sufficiente. C'è molta strada e molto lavoro da fare.

In particolare risultano urgenti:

---

56 Diverse note e circolari. Fra le quali segnalo: Nota Miur – prot. n. 4099 del 5 ottobre 2004, *Iniziative relative alla dislessia*. Nota Miur – prot. n. 26/A del 5 gennaio 2005, *Iniziative relative alla dislessia (Strumenti dispensativi e compensativi e garanzie nelle valutazioni finali)*. Nota Miur – prot. n. 1787, *Esami di stato – Alunni affetti da dislessia*. Dpr 122 del 22 giugno 2009 (Prove di esame con strumenti dispensativi e compensativi più idonei. Non segnalazione differenziazione delle prove nel diploma finale).

57 Usr – Ufficio scolastico regionale per la Lombardia, nota, prot. n. 13987 del 3 novembre 2004, *Dislessia e Dsa: strumenti compensativi e misure dispensative*.

- circolari esplicative, da parte degli uffici scolastici regionali e provinciali, con direttive precise e vincolanti, almeno su alcuni punti, per gli operatori scolastici;
- corsi di formazione per insegnanti e dirigenti scolastici con riferimento alle caratteristiche dei disturbi specifici dell'apprendimento, all'uso degli strumenti compensativi e delle misure dispensative, ai criteri di valutazione, alle relazioni e alle attenzioni nella attività didattica.

Nella "scuola che non c'è", lo studente con Dsa non deve essere costretto a leggere in classe e a voce alta, a scrivere alla lavagna, a imparare a memoria le tabelline, a riportare elenchi seriali (mesi, stagioni, settimane...), a fare compiti scritti senza il computer, a leggere dispense scritte con caratteri microscopici, a fare compiti scritti con le lingue straniere e a essere travolto da un'infinità di compiti a casa.

Leggo i voti che, nella valutazione intermedia, sono stati dati a XY nelle due lingue straniere: quattro in inglese scritto e orale, tre in francese scritto e quattro in orale. Rileggo l'art. 5 (Misure educative e didattiche di supporto), 2, c, della legge n. 170: "Agli studenti con Dsa le istituzioni scolastiche [...] garantiscono: per l'insegnamento delle lingue straniere, l'uso di strumenti compensativi che favoriscano la comunicazione verbale e che assicurino ritmi graduali di apprendimento, prevedendo anche, ove risulti utile, la possibilità dell'esonero".

Ho raccolto, in diversi colloqui, la rabbia, la delusione e le preoccupazioni dei genitori di XY e ritenendo assolutamente insoddisfacenti le risposte dei docenti dell'istituto, mi sono mosso alla ricerca di un'altra scuola seguendo le indicazioni del papà, il quale, riflettendo sulle valutazioni espresse sul figlio, mi diceva: "Caro prof, la scuola dei ragazzi con Dsa deve essere una scuola con il cuore!".

Cioè, quella scuola che dovrebbe essere di tutti.

La formazione degli insegnanti

Ogni volta che chiamo Antonio C., un insegnante di un istituto tecnico industriale di Milano (zona piazzale Lotto), ho la certezza di parlare con una persona competente, di buonsenso e che, soprattutto, sa ascoltare.

È come trovare un porto sicuro. Un formatore.

L'attività professionale mi consente di interagire, ogni giorno, con insegnanti straordinari. Appassionati del loro lavoro, competenti, autorevoli e con una grande sensibilità.

Quando incontri insegnanti con queste caratteristiche si riempie il cuore di felicità. Li trovi talmente competenti e rassicuranti che viene subito spontaneo affermare: "Vi mando mio figlio". Ma, lo dico con la morte nel cuore, ci sono anche insegnanti inadeguati.

Non sono i titoli accademici, la laurea, i corsi di specializzazione, i master professionali o la lettura di qualche libro di pedagogia o di psicologia a farci diventare dei buoni insegnanti.

Un mio maestro delle elementari diceva: "Ci vuole la vocazione!". Oggi, il termine non è più di moda, ma il concetto è sempre quello: te lo devi sentire dentro! È lì che si annida il carisma.

Lo dico sempre alle mie streghe (le colleghe della mia équipe): "Senza passione non si può insegnare".

I veri insegnanti non assumono mai un atteggiamento burocratico. Non leggono il libro in classe. Non annoiano. Da come parlano e comunicano si comprende che amano la loro professione, anche se mal retribuita.

Le loro parole non sono mai vuote. Hanno un peso specifico importante. Contengono l'affetto e l'amore per una professione purtroppo non adeguatamente considerata.

I veri insegnanti amano stare e vivere con il gruppo classe. Con gli studenti. Insegnano al gruppo e imparano dal gruppo.

Ammesso che queste condizioni di base esistano, ritengo, per quanto impopolare possa sembrare, sia urgente, oltre che eticamente corretto, porre il problema di una più efficace formazione degli insegnanti.

Mi riferisco alla capacità di sostenere e qualificare, soprattutto in alcuni istituti del cosiddetto segmento alto (i licei), la professione docente con momenti di formazione e di autoformazione, ma anche alla capacità di lavorare insieme. Anche perché: "La principale relazione professionale è la relazione con gli alunni, che è una relazione di ineguaglianza [...]. La collaborazione coi pari non è una necessità di mestiere; se avviene essa è marginale. L'insegnante preferisce il suo lavoro da solo davanti alla classe: è un mestiere individualizzante, poiché evita il lavoro in comune".[58]

Non è facile avviare una riflessione su questi temi.

È una strada impervia ma che è bene percorrere con onestà intellettuale, superando resistenze incomprensibili, poco utili per la scuola e per quei dirigenti scolastici, docenti e operatori che sanno esprimere competenze e alta professionalità.

Insegnanti in difficoltà e la politica dello struzzo

Mi telefona una dirigente di una scuola media di Milano: "Professore, è disponibile a un incontro con il collegio docenti per approfondire il tema della riforma scolastica e del consiglio orientativo?".

Un po' sorpreso dalla richiesta – in quella scuola non ci ero mai stato – fissiamo, agenda alla mano, il giorno dell'incontro.

Alla data stabilita mi reco alla scuola media. La dirigente scolastica, la preside per intenderci, mi riceve nel suo ufficio. Si alza dalla scrivania, mi fa accomodare e subito dopo chiude a chiave, con due mandate, la porta dell'ufficio di presidenza. Osservo questi movimenti, piuttosto insoliti, con stupore e perplessità.

58 L. Secco, *Dall'educabilità all'educazione, riflessioni pedagogiche*, cit., p. 197.

La preside si accomoda sulla sua poltrona, mi studia con grande attenzione e, poi, un po' infastidita, in tono perentorio e investigativo, inizia una specie di interrogatorio: "Cosa vuol dire ai miei docenti? Per quanto tempo? Come mai vuole affrontare questi argomenti?".

Ricordo alla preside, stigmatizzando un po' il suo atteggiamento, che molto probabilmente c'era un equivoco, in quanto era stata lei a invitarmi e immagino, poiché non ci conoscevamo, dopo aver chiesto informazioni sul mio conto.

Mi armo di santa pazienza e inizio a presentare, a grandi linee, i temi che svilupperò nell'incontro con i docenti.

Mentre parlo, la preside non solo non ascolta, ma fa strani commenti, bofonchia frasi incomprensibili, per nulla attinenti all'argomento in questione e, nel frattempo, evade la sua numerosa corrispondenza. Con il suo tagliacarte apre le buste, toglie le lettere, dà uno sguardo veloce alle comunicazioni e accompagna il tutto con aria di sufficienza, con espressioni e giudizi estremamente critici, a volte, con disgusto.

Con un particolare interessante: le lettere vengono lanciate qua e là sulla scrivania, alcune finiscono nei cassetti aperti, altre vengono lanciate in aria, insieme alle buste e, poiché anche quello strano ufficio è soggetto alla forza di gravità, dopo aver svolazzato un po' in aria, finiscono per terra.

Il quadro è straordinario: in pochi minuti, ai piedi della scrivania e del sottoscritto, sparpagliati sul pavimento, si ammassano buste, lettere e fogli vari che, evidentemente, non hanno superato quella eccentrica supervisione.

La preside, all'improvviso, si alza, decanta un suo particolare progetto di orientamento, a me sconosciuto ma da lei inserito nei primissimi posti di una sua personalissima classifica a livello ministeriale e nazionale e, senza aver colto una parola della mia spiegazione, mi accompagna alla porta.

La precedo, aprendo la porta con la chiave, per fortuna ancora inserita. Poi mi dirigo verso l'aula dove mi attendeva il collegio docenti.

Devo continuare? Meglio di no. Aggiungo solo che, nei mesi e negli anni successivi, ogni tanto ho avuto informazioni sui movimenti e sulle scelte del nostro personaggio.

I suoi trasferimenti e le sue presidenze erano sempre accompagnati da polemiche, da vere e proprie sollevazioni di genitori e di docenti arrabbiati e preoccupati. Con lettere e ricorsi vari. Un dato su tutti. Dovunque andasse, in pochi anni si assisteva a un crollo delle iscrizioni. Con genitori che, per protesta, non mandavano i figli a scuola. Poi l'ho persa di vista.

C'è un problema che si presenta in tutti i posti di lavoro ma che nella scuola può determinare situazioni molto gravi in quanto possono incidere negativamente sulla formazione delle persone.

Coloro che da diversi anni lavorano in ambiti formativi hanno sicuramente avuto a che fare con qualche collega "un po' originale".

Mi riferisco a persone con responsabilità formative ma in grande difficoltà, molto disturbate sul piano delle relazioni e della comunicazione. Ad alto rischio.

Persone che, quando si materializzano nelle nostre scuole, creano danni agli studenti, scatenano la preoccupazione dei genitori e diventano l'incubo dei dirigenti scolastici.

Ci sono, per i casi in questione, diverse strategie.

In genere, si cerca di seguire la politica del pacco-dono, cercando di favorire il trasferimento in altra sede della persona a rischio.

Quando questo non è possibile, si cerca di distribuire e disperdere la responsabilità di questi docenti su alcune materie definite, per l'occasione, minori (?). Diciamo "a minor impatto". Ti tolgo la responsabilità della cattedra di italiano e distribuisco la tua presenza nelle ore di storia e di geografia.

Trovo, a questo proposito, dirigenti scolastici e docenti disperati. Che fare?

La scuola può includere anche docenti e operatori scolastici in difficoltà, ma coloro che hanno livelli di responsabilità devono avere strumenti più efficaci per poter attribuire a queste persone compiti diversi dall'insegnamento.

Per esempio, affiancandoli ad altri colleghi, ma senza caricarli di precise e dirette responsabilità.

Una cosa assolutamente da evitare: far finta che il problema non esista o, peggio ancora, affermare che non si possono trovare soluzioni.

Quando una persona è in difficoltà, c'è un costo sociale che dobbiamo responsabilmente assumere.

La scuola, da questo punto di vista, dovrebbe essere di esempio dimostrando grande attenzione e sensibilità. Aiutando le persone in difficoltà, ma garantendo la possibilità di formazione per gli studenti e un sistema di normali relazioni fra docenti, genitori e studenti.

Una scuola con un respiro pedagogico

Gli adolescenti sognano una scuola con dirigenti e docenti maggiormente presenti e attenti quando attraversano periodi di disagio e di difficoltà e, considerata la loro marcata idiosincrasia nei confronti degli esperti, senza necessariamente finire dallo psicologo di turno.

Nelle scuole secondarie di primo e di secondo grado, gli insegnanti sono impegnati in molte riunioni ma, quasi sempre, con all'ordine del giorno temi di tipo organizzativo. Diventano sempre più residuali le riflessioni sulla relazione educativa e le problematiche adolescenziali.

Entra in sofferenza anche il rapporto fra teoria e pratica.

Una elaborazione teorica risulta indispensabile per gestire la complessità della formazione, perché "senza teoria [...] vi è solo la fatica di dover ogni volta ricominciare daccapo senza mai apprendere dall'esperienza".[59]

Teoria e pratica devono sempre integrarsi.

59 G.P. Quaglino, *La formazione: concezioni a confronto*, a cura di B. Maggi, Etas Libri, Milano 1991, p. 43.

In alcuni istituti, invece, è evidente una sorta di solitudine pedagogica.

Una solitudine vissuta, da diversi docenti, non come una privazione ma come una scelta basata su certezze individuali incrollabili. Definitive.

Esaltando l'operatività, si rischia di essere sovrastati dalle iniziative imposte dalle attività quotidiane, con la conseguente difficoltà a decontestualizzare l'esperienza formativa.

L'errore, spesso inconsapevole, è quello di riproporre gli stessi comportamenti in situazioni solo apparentemente simili.

Alle ragazze e ai ragazzi delle nuove generazioni dobbiamo offrire una scuola rinnovata. Il modo migliore per dimostrare l'infondatezza di questa critica: "Quando un sarto fa un vestito, lo adatta alla corporatura del cliente [...] al contrario, l'insegnante veste, calza, incappella tutte le menti nello stesso modo".[60]

"La scuola che non c'è" non è un oggetto di fantascienza o un'idea curiosa e strampalata di colui che scrive. È molto più vicina di quanto noi possiamo immaginare. La troviamo già descritta e molto ben delineata, con sagacia e intelligenza, in alcuni provvedimenti legislativi.

"La scuola", recita l'art. 1, punto 2 del Dpr 249 del 24 giugno 1998, "è una comunità di dialogo, di ricerca, di esperienza sociale, informata ai valori democratici e volta alla crescita della persona in tutte le sue dimensioni. In essa ognuno, con pari dignità e nella diversità dei ruoli, opera per garantire la formazione alla cittadinanza, la realizzazione del diritto allo studio, lo sviluppo delle potenzialità di ciascuno e il recupero delle situazioni di svantaggio". È una comunità scolastica che "fonda il suo progetto e la sua azione educativa sulla qualità delle relazioni insegnante-studente, contribuisce allo sviluppo della personalità dei giovani, anche attraverso l'educazione alla consapevolezza e alla valorizzazione dell'identità di genere, del loro senso di responsabilità e della loro autonomia individuale e persegue il raggiungimento di obiet-

60 E. Claparède, *La scuola su misura*, cit., pp. 256-257.

tivi culturali e professionali adeguati all'evoluzione delle conoscenze e all'inserimento nella vita attiva (punto 3)" e che "si basa sulla libertà di espressione, di pensiero, di coscienza e di religione, sul rispetto reciproco di tutte le persone che la compongono, quale che sia la loro età e condizione, nel ripudio di ogni barriera ideologica, sociale e culturale (punto 4)".

Un plauso a coloro che hanno scritto questi articoli.

Un invito a rileggerli a coloro che, pur avendo importanti livelli di responsabilità nelle istituzioni, o non li hanno mai letti o li hanno troppo in fretta dimenticati.

A grandi linee, quindi, il progetto c'è. Serve un geometra e un rinnovamento della squadra che lavora in cantiere. Con obiettivi precisi di lavoro. Uno su tutti: "la scuola che non c'è" deve saper accogliere i cosiddetti bravi e, soprattutto, coloro che sono in difficoltà.

È una scuola accogliente. Una comunità con un respiro pedagogico: "Ai professori che ogni giorno si apprestano a dare giudizi sulle capacità intellettuali dei loro allievi un invito a riflettere prima su quanta educazione emotiva hanno distribuito, perché, a se stessi almeno, non possono nascondere che l'intelligenza e l'apprendimento non funzionano se non li alimenta il cuore".[61]

Una scuola con un respiro pedagogico richiede nuove categorie di riferimento: il docente deve diventare formatore e lo studente dovrà essere considerato, innanzitutto, come adolescente.

È una scuola che pretende scelte coraggiose, superando assurde e pretestuose resistenze di tipo ideologico, politico e sindacale. Utili, forse, per le organizzazioni ma non per le nuove generazioni.

Anche perché "se tutto sospinge i nostri giovani verso l'assenza di mondo, verso il ritiro autistico, verso la coltivazione di mondi isolati (tecnologici, virtuali, sintomatici), la Scuola è ancora ciò che salvaguarda l'umano, l'incontro, le relazioni, gli scambi, le amicizie, le scoperte intellettuali".[62]

61 U. Galimberti, *L'ospite inquietante. Il nichilismo e i giovani*, cit., p. 48.
62 M. Recalcati, *Lettera ad un professore*, cit., p. 48.

Capitolo 9

La consulenza

I test

"Vorrei portarle mio figlio per un test perché deve scegliere una scuola superiore."

È una delle richieste che, ogni tanto, ricevo da parte di alcuni genitori preoccupati e alla ricerca di una soluzione definitiva ai loro dubbi e alle loro incertezze.

Quando comunico loro che adotto metodiche diverse, non sempre trovano convincente il fatto di non utilizzare i test come strumento di indagine e di approfondimento in un colloquio di orientamento scolastico.

Paul Broca (1824-1880), antropologo, neurologo e chirurgo francese, era convinto che esistesse una stretta relazione fra le dimensioni del cervello e l'intelligenza. La craniometria costituiva, allora, una metodica molto apprezzata: maggiori erano le dimensioni del cervello e maggiore, di conseguenza, doveva essere l'intelligenza.

Alfred Binet (1857-1911), scienziato e psicologo meticoloso, per un certo periodo sostenne il pensiero di Broca, ma, poi, studi successivi lo convinsero che "l'idea di misurare l'intelligenza misurando le teste appariva ridicola".[63]

Quando le autorità francesi, preoccupate di individuare i bambini che avevano bisogno di essere seguiti in clas-

63 S.J. Gould, *The mismeasure of man*, Norton, New York 1981, p. 403, citato in J.M. Darley, G. Sam, A.K. Ronald, *Psicologia,* il Mulino, Bologna 1991, p. 398.

si speciali, gli chiesero di trovare alcuni criteri per misurare l'intelligenza, Binet predispose una batteria di test per stabilire il rapporto fra le capacità di comprensione, di giudizio, i processi logici, alcune conoscenze pratiche e l'età. In questo modo, definì il concetto di età mentale come criterio per differenziare gli studenti.

Nel 1912 William Stern, uno psicologo tedesco, superando il semplice concetto di età mentale, descrisse il cosiddetto Q.I. (dal tedesco *Intelligenz Quotient*) come risultante della seguente formula: EM/EC × 100 (quoziente di intelligenza = età mentale/età cronologica x 100).

Nei primi decenni del secolo scorso vennero realizzati diversi studi per la ricerca di strumenti più efficaci nella diagnosi delle capacità e dei limiti della persona umana. Un percorso che portò a risultati interessanti ma, in alcuni casi, anche a vere e proprie "degenerazioni psicometriche".

L'esperienza, maturata in questi ultimi decenni, ha permesso di disporre di specialisti competenti e di strumenti sempre più sofisticati con caratteristiche psicometriche utili a garantire adeguati criteri di attendibilità, validità, standardizzazione e taratura.

È utile, tuttavia, fare qualche considerazione.

Desta sempre forti perplessità il rapporto che viene stabilito fra i test di profitto e i test attitudinali.

I test infatti, ponendosi contemporaneamente i due obiettivi, rischiano di collegare in modo lineare, quasi in uno schema causa-effetto, i risultati dei test di profitto con le previsioni future. Esercizio logico e utile per alcuni. Dannoso e penalizzante per altri.

I test di profitto consentono di verificare quanto uno ha appreso. Strumento di scarsa efficacia in quanto il risultato dell'apprendimento di una persona non sempre ha a che fare con la sua intelligenza.

I test attitudinali, invece, dovrebbero far riferimento alla possibilità di predire lo sviluppo intellettuale di una persona e, in un certo senso, le sue prestazioni future.

Nel merito esistono diverse scuole di pensiero: alcuni ritengono di non poter fare a meno di un tale modello previsionale. Lo trovano efficace e rassicurante; altri lo giudicano negativamente e lo contestano; altri ancora, più prudenti, ritengono per lo meno indispensabile utilizzare anche altri metodi valutativi.

In molte occasioni ho avuto modo di verificare i limiti dei cosiddetti test scolastici, soprattutto quando vengono applicati a degli adolescenti.

Trovo di scarsa utilità sottoporre una persona a prove tecniche che si ispirano a modelli matematici. In alcuni casi, decisamente rischioso.

Di una cosa sono certo: se mi avessero sottoposto a un test quando avevo dodici anni, oggi non starei scrivendo queste quattro righe, non lavorerei nel mondo della scuola e, forse nella migliore delle ipotesi, sarei in quel di Lecco a incidere parole e figure su coppe, trofei e simili.

Vivo con preoccupazione l'utilizzo dei test come strumento di ricerca nella fase della scelta scolastica per le scuole superiori. In alcuni casi, infatti, si prendono decisioni che nascono e si alimentano con punteggi e risultati interpretati quasi con criteri assoluti e non relativi a una serie di variabili.

Competenza, responsabilità e misura dovrebbero consentire di utilizzare nelle attività di orientamento scolastico diversi contributi, test compresi (se proprio non ne possiamo fare a meno...), ma senza sovvertire il sistema delle priorità.

In alcune scuole secondarie di primo grado, invece, i genitori sono espressamente invitati a sottoporre a un test i figli che devono scegliere come proseguire gli studi dopo la terza media.

Si verifica, quindi, un fatto davvero curioso: il consiglio orientativo degli insegnanti, cioè il parere di coloro che hanno avuto responsabilità in un percorso triennale di formazione, rischia di passare in secondo piano rispetto all'esito di un breve test che alcuni esperti, esterni alla scuola, sottopongono a ragazze e ragazzi mai visti prima.

"E meno male!" potrebbe commentare qualche genitore alle prese, talvolta, con evidenti limiti di professionalità e di competenza.

Devo ammettere che alcuni consigli orientativi sono formulati piuttosto male e, di sicuro, non ti conciliano con la scuola. A volte, quando sono il risultato di una preoccupazione esclusivamente scolastica, possono risultare molto penalizzanti.

Ritengo, tuttavia, che i consigli orientativi di esperti esterni alla scuola, sotto qualunque forma (test o altre metodiche), possano costituire solo un ulteriore elemento di riferimento e di riflessione ma non debbono mai sostituire il prioritario confronto fra genitori, studenti e docenti.

Ogni volta che vengo coinvolto nelle problematiche inerenti alle caratteristiche e all'utilizzo dei test, ricordo sempre con ammirazione quanto scriveva Lucien Laberthonnière:

> Altri, con maggior precisione, garantiscono che, mediante la psicologia sperimentale, si giungerà a determinare la natura esatta di ogni spirito, le sue proprietà e, di conseguenza, invece di abbandonare al caso la scelta delle professioni, si potrà utilizzare ognuno, sistematicamente e con conoscenza di causa, per ciò di cui è capace. Così, quando si è riconosciuto che un corpo è ossigeno, gli si chiede di adempiere alle funzioni dell'ossigeno e non a quelle del cloro. Donde si prevede che [...] sarà possibile mettere scientificamente ognuno al suo posto.[64]

Non mancava in Laberthonnière una certa vena profetica: "Ecco l'illusione ch'è oggi familiare a taluni spiriti, sotto il nome di educazione scientifica. Crediamo necessario segnalarla perché può diventare, e forse è già diventata, dannosa".[65]

64 L. Laberthonnière, *La teoria dell'educazione*, La Nuova Italia, Firenze 1968, p. 60. Lucien Laberthonnière (Chazelet 1860-Parigi 1932). Ordinato prete nel 1886, si laureò in Filosofia alla Sorbona nel 1896. Nel 1906, i suoi *Essais de philosophie religieuse* vennero condannati dalla Chiesa cattolica.

65 Ivi, p. 61.

Con equilibrio e buon senso, tuttavia, affermava che è possibile utilizzare diversi contributi:

> Col segnalarla non intendiamo affatto dire che non si possa trarre nessuna utilità per l'educazione dai risultati della psicologia sperimentale. Tutt'altro! Crediamo piuttosto che tutto possa essere messo a profitto [...]. Si proceda pure ad inchieste, si osservi o si esperimenti, si facciano misurazioni, va tutto benissimo... a condizione però che non si creda di ottenere in tal modo un metodo di educazione.[66]

È una pagina particolarmente godibile della storia della pedagogia, ma ce ne sono tante altre che, forse, troppo in fretta abbiamo dimenticato.

I colloqui individuali

Il servizio di consulenza, nell'ambito delle attività di orientamento scolastico, è molto apprezzato e richiesto dalle famiglie e dagli studenti.

Il servizio ha tre obiettivi:

- accompagnare e sostenere gli studenti delle scuole secondarie di primo grado nella scelta di una scuola superiore;
- rispondere alle richieste di aiuto degli studenti delle scuole secondarie di secondo grado, offrendo la possibilità di presentare le loro difficoltà, i dubbi, le preoccupazioni ed eventuali esigenze di scelte diverse;
- esplorare tutte le possibilità per una rimotivazione degli studenti sul percorso formativo.

La consulenza si realizza attraverso colloqui individuali con gli studenti e i loro genitori.

66 Ivi, p. 63.

Il colloquio è, innanzitutto, un momento privilegiato per registrare informazioni corrette e aggiornate sul sistema scolastico. Si svolge con la seguente metodica: in forma dialogica, con un approccio non direttivo e con grande attenzione alla comunicazione verbale e non verbale.

Si riflette sul quadro scolastico, sul percorso e sul vissuto formativo dalla scuola primaria in avanti, su alcune caratteristiche della personalità delle ragazze e dei ragazzi presenti al colloquio.

La comunicazione verbale consente di individuare alcuni indicatori: la capacità critica, la proprietà di linguaggio, interessi e attitudini, i modelli organizzativi, la consapevolezza sui processi di apprendimento, le capacità e le difficoltà, le relazioni a scuola e in famiglia, i livelli di autonomia o di dipendenza, i contesti adeguati o conflittuali.

La comunicazione non verbale offre un altro prezioso canale di informazione: l'approccio al colloquio, la disponibilità, la partecipazione, l'attenzione, la curiosità, le preoccupazioni e resistenze, la sensibilità, il rapporto con le emozioni.

È possibile esplorare l'ambito delle motivazioni e cogliere alcune problematiche tipiche del periodo adolescenziale.

La presenza dei genitori permette di individuare ulteriori elementi: la qualità delle relazioni con i figli, un corretto approccio alla scelta e al percorso scolastico, la disponibilità a gestire eventuali insuccessi, i fenomeni di adultizzazione, in genere collegati a eccessive aspettative, ma anche scelte indotte e pressioni indebite.

La riuscita di un colloquio si può giocare, almeno in buona parte, nei primi cinque minuti e, in particolare, nel momento dell'accoglienza.

Le battute iniziali acquistano un particolare valore in quanto le ragazze e i ragazzi che vi partecipano devono sentirsi a proprio agio, in una situazione non giudicante. Devono essere rassicurati.

Capita, abbastanza spesso, di vederli arrivare con un atteggiamento e con certe facce sulle quali appare un messaggio inequivocabile: "Io non ci volevo venire! Mi ci hanno portato!".

Qualche battuta, gestita con sapienza nei tempi e nelle modalità di comunicazione, può risultare particolarmente utile ed efficace nel favorire una reciproca disponibilità. Chiedere, per esempio, qual è lo sport preferito. Con il milanista o lo juventino di turno, far finta di accompagnare il malcapitato alla porta dicendo: "Fuori di qua!".

A volte, appena si sono tutti seduti e soprattutto in presenza di genitori un po' seriosi o preoccupati, chiedere alle ragazze e ai ragazzi presenti: "Da uno a dieci, chi rompe di più fra papà e mamma?". Le reazioni sono interessanti: le facce dei figli, di solito, diventano radiose, quelle dei genitori... dipende.

Comunque, nel caso ci fossero dubbi, la gara su chi rompe di più è vinta quasi sempre dalle mamme. A loro difesa devo dire che... sono più sul pezzo. Noi maschietti, tranne qualche rara eccezione, siamo più latitanti.

Ho citato alcuni esempi banali, ma che non devono essere riprodotti pedissequamente. Ci vuole un po' di... chilometraggio.

I capelli bianchi (età, esperienza...) non sono indispensabili ma aiutano e aggiungo che un po' di carisma non guasta. È la ciliegina sulla torta.

È sorprendente notare come una battuta azzeccata possa suscitare una risata liberatoria e dare così inizio a una conversazione tranquilla, rilassata e di reciproca utilità.

Ho un aiuto particolare anche da una lavagna (figura 2), presente nel mio ufficio, sulla quale ho disegnato e scritto qualche mia breve riflessione, ma anche citazioni, alcune frasi in latino e in greco, qualche riferimento alle professioni, alle materie umanistiche, scientifiche e tecnologiche. Il tutto, corredato da alcune vignette.

È un modo per trasmettere, velocemente e in modo simpatico, il mio pensiero sulla scuola, gli insegnanti, i genitori e gli adolescenti.

Una vignetta è particolarmente apprezzata. L'ho trovata sulla "Settimana enigmistica" e l'ho riprodotta a mio modo. Un bambino dice al papà: "Ho capito da dove vengono i bambini, ma i genitori da dove vengono?".

La lavagna ha un effetto rassicurante. Funziona.

A livello più generale, comunque, non c'è una ricetta. E, tantomeno, frasi o battute che possono essere stabilite a priori con una sorta di improbabile questionario.

Ognuno deve trovare un proprio modo, assolutamente personale, di comunicare, ma bisogna saper leggere, in fretta, le caratteristiche delle persone che si incontrano, le dinamiche e il contesto.

In certi casi, per esempio, risulta fondamentale assumere un atteggiamento più serio e compassato. Professionale.

Colui che dirige il colloquio, nella fase iniziale, deve sempre chiarire il proprio ruolo, come verrà condotto il colloquio e l'obiettivo finale.

La gestione del colloquio richiede sensibilità, attenzione e capacità di ascolto. Bisogna saper affrontare i silenzi, gli eventuali imbarazzi e, a volte, sdrammatizzare situazioni problematiche o conflittuali.

Il colloquio, in diversi casi, si conclude con una semplice rassicurazione su una scelta già ipotizzata in famiglia. Altre volte, invece, genitori e figli vengono invitati a valutare altre ipotesi formative. Il consiglio di un esperto di orientamento, come quello degli insegnanti, non ha e non può avere, ovviamente, alcun carattere vincolante. La decisione finale deve essere affidata al confronto fra genitori e figli.

Le tecniche, gli strumenti e le metodologie da utilizzare in una attività di consulenza possono essere molteplici. C'è l'imbarazzo della scelta.

Ciò che conta è riuscire a creare un'empatia con i partecipanti al colloquio. Un coinvolgimento emotivo da gestire con un mix sapiente di autorevolezza e disponibilità. In sintesi: devi essere credibile, spontaneo, autorevole, competente e rassicurante.

C'è, inoltre, un obiettivo imprescindibile nell'attività di consulenza: un colloquio non deve mai terminare senza un rinforzo pedagogico. Una regola fondamentale della relazione che si instaura in una attività di consulenza e che conferma un concetto più volte ribadito in queste pagine: il riconoscimento e l'apprezzamento rappresentano un passaggio indispensabile per l'avvio di un processo di cambiamento.

Gli adolescenti, quando si sentono stimati, sanno sorprenderci. Un dato importante e significativo, lontano dall'approccio un po' manicheo che, a volte, caratterizza la logica di noi adulti: "Studia è bravo, non studia non è bravo". Un dato che conferma quanto sia fragile e, quindi, superabile in positivo il confine fra la deresponsabilizzazione e la responsabilizzazione.

La rete e la rimotivazione

Il colloquio non è mai fine a se stesso.

L'attività di consulenza si qualifica e diventa efficace se, dopo il colloquio e con il consenso delle parti interessate, si attiva una rete con l'obiettivo di innescare un nuovo sistema di relazioni fra tutti gli attori del progetto educativo: studenti, genitori, docenti, operatori dei servizi di orientamento.

È questa la condizione indispensabile per favorire un processo di rimotivazione degli studenti.

La rete consente agli adolescenti di sentirsi fortemente responsabilizzati e protagonisti, insieme agli adulti, di un percorso di cambiamento.

La reciprocità del cambiamento, tuttavia, non è indolore. Non avviene spontaneamente. È una elaborazione sofferta soprattutto per noi adulti, ma è in questa capacità che si gioca il passaggio all'autorevolezza e la possibilità di diventare figure significative.

Molte volte, alla fine di un colloquio, stabilisco con gli studenti alcuni vincoli, apparentemente banali, ma da rispettare ogni giorno.

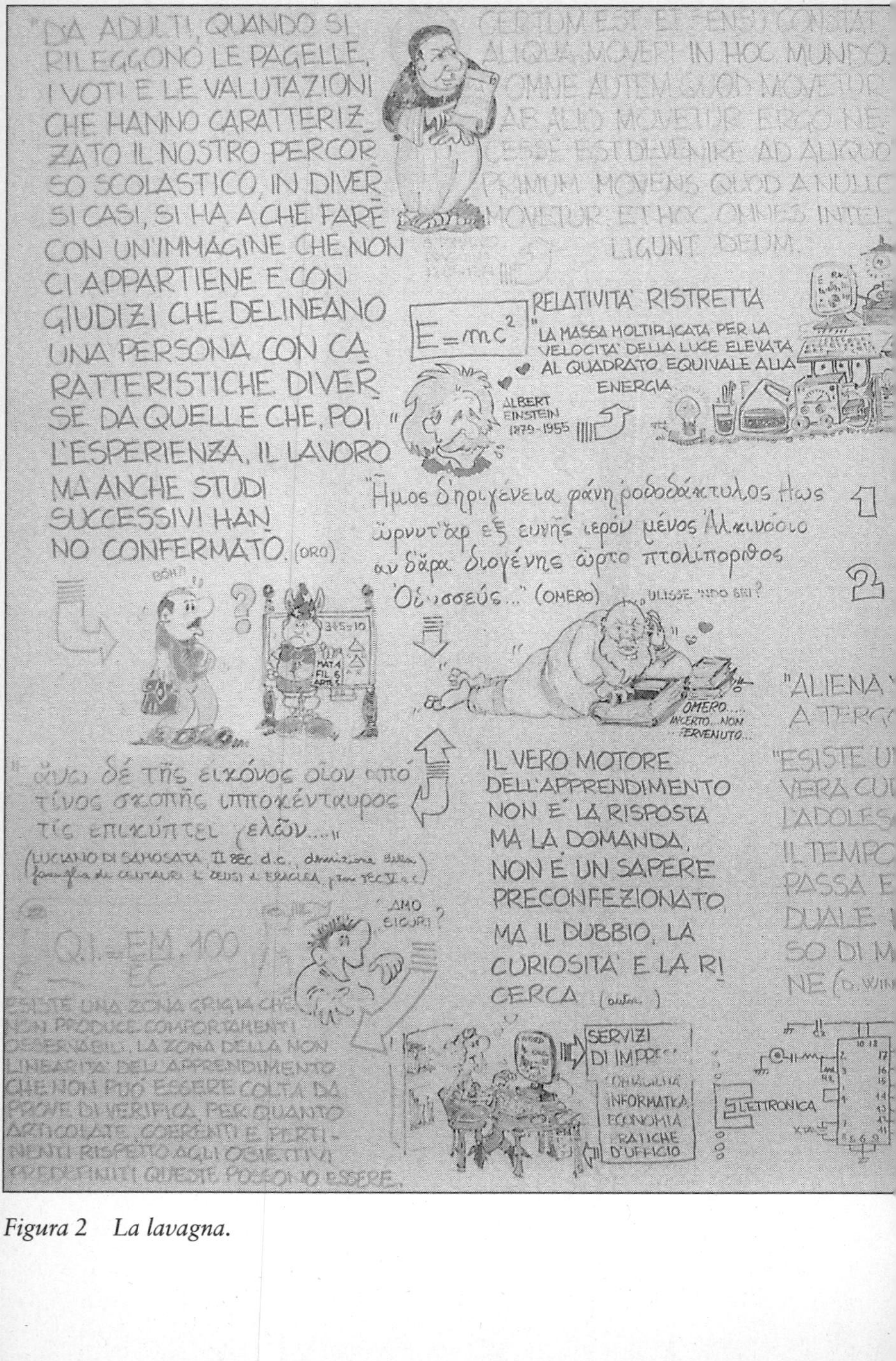

Figura 2 La lavagna.

LA COMUNICAZIONE
7% LE PAROLE
38% MODI DI DIRE
55% ESPRESSIONI VISO E CORPO
"NON SI DÀ APPRENDIMENTO SENZA GRATIFICAZIONE EMOTIVA, E L'INCURIA DELL'EMOTIVITÀ O LA SUA CURA A LIVELLI COSÌ SBRIGATIVI DA ESSERE CONTROPRODUCENTE, È IL MASSIMO RISCHIO CHE OGGI UNO STUDENTE, ANDANDO A SCUOLA, CORRE" (U. GALIMBERTI)
HO CAPITO DA DOVE VENGONO I BAMBINI! MA I GENITORI DA DOVE VENGONO?
...E SE FOSSIMO TUTTI ESPERTI... ...MA DEI FIGLI DEGLI ALTRI? (ORO)
"LAOCOON ARDENS SUMMA DECURRIT AB ARCE. ET PROCUL: O MISERI, QUAE TANTA INSANIA, CIVES? ......
"EGOMET INTER CIVES VIDI LUPUM!
CAPITALE, LA TECNOLOGIA PORTERANNO ALLA FINE DEL LAVORO (RIFKING PENSIERO)
CAPITALE, LA TECNOLOGIA PORTERANNO MILIONI DI OPPORTUNITÀ DI LAVORO
OFFLER PENSIERO)
"LA MATEMATICA È COME UN'AZIENDA DI CUI GLI STUDENTI VEDONO SOLO IL REPARTO "CONTABILITÀ" E MAI IL REPARTO "RICERCA E SVILUPPO" (G. FILOCAMO)
"IL FATTO CHE I 3/4 DEGLI STUDENTI DELLE SECONDARIE NON AMINO LE MATEMATICHE È PERCHÉ NON NE HANNO IL BERNOCCOLO O PERCHÉ SI È FATTO DI TUTTO PER DISGUSTARNELI (E. CLAPARÈDE 1920 UNIVERSITÀ DI GINEVRA)
E L'IMPONDERABILITÀ?
"PERCHÉ UNA MATERIA CI DEVE INVESTIRE CON LE SUE DIFFICOLTÀ E, QUASI MAI, CON LA SUA MAGIA E IL SUO VALORE STRATEGICO? (ORO)
È PRONTO!
DECODIFICATORE DTMF
LO CHEF
AIUTO CUOCO
SALA E BAR
PANIFICATORE
PASTICCERE
SEGRETERIA E RICEVIMENTO

Per esempio:

- la lettura di tre o quattro pagine di un libro;
- il laboratorio delle emozioni. Invito gli studenti a dare voce alle loro emozioni, ai loro stati d'animo e a descriverli. Quattro o cinque righe, poche ma ogni giorno;
- organizzare e sostenere un tempo studio che non sia residuale, ridicolo.

Le ragazze e i ragazzi che hanno dato la loro disponibilità a seguire le regole concordate sono invitati, ogni settimana o ogni dieci giorni, ad aggiornarmi via mail o per telefono. A volte, sono io stesso a chiamarli e, in alcuni casi particolari, anche tutti i giorni.

Ai dirigenti scolastici o ai docenti che richiedono un nostro intervento, affermando che un determinato percorso scolastico è decisamente inadeguato per alcuni studenti, ricordo sempre, scherzando un po', che non rappresento l'ufficio traslochi.

L'obiettivo principale dell'attività di consulenza, della rete e, quindi, di un orientamento *in itinere*, è la rimotivazione.

Il riconoscimento e la stima diventano un passaggio obbligato per la responsabilizzazione e, non a caso, rappresentano uno dei momenti più delicati di un colloquio e del nuovo sistema di relazioni che si intende favorire e avviare.

Si può monitorare, con il consenso e la disponibilità dei genitori e con la collaborazione dei docenti delle scuole interessate, il percorso dei ragazzi, assicurando in corso d'anno ulteriori colloqui, confronti, comunicazioni e informazioni.

Con la collaborazione dei dirigenti scolastici, inoltre, siamo disponibili a realizzare, sulle problematiche individuate, incontri con i docenti, il consiglio di classe e, in qualche caso, con il collegio docenti.

Alcuni risultati sono davvero sorprendenti, e lo dico anche con un po' di imbarazzo, perché certe situazioni possono evolvere e modificarsi senza interventi straordinari ma con semplici comunicazioni e segnalazioni fra i protagonisti di un progetto educativo.

È come se avvenisse una sorta di cortocircuito ma in positivo. Un dato confermato dagli studenti ma anche da molti riconoscimenti formali (lettere e telefonate...) da parte di genitori stupiti e sorpresi più di me.

Qualche breve esempio:

- "La ragazza è più tranquilla, si sente gratificata dagli insegnanti e, nonostante permangono ancora difficoltà scolastiche, è fiduciosa. Persino il rapporto con i compagni di scuola è migliorato...".
- "C.Z. è uscita (dal colloquio) contenta e sicuramente con un po' di fiducia in più, e ne ha molto bisogno, nelle sue capacità... Grazie ancora, di cuore!"

Ogni caso fa storia a sé: ogni persona ha un proprio vissuto, una propria esperienza. Le generalizzazioni non servono.

Non ci sono scorciatoie e, tanto meno, esiste una ricetta ben codificata. Esistono risposte possibili a situazioni diverse.

Ne sto segnalando alcune che richiederebbero non una presentazione in un libro, con il rischio di enfatizzazioni non volute, ma una riflessione seria in un gruppo operativo.

I colloqui possono costituire un'occasione importante di crescita per tutti.

Il punto di partenza è fornito dagli studenti: le storie di vita, le gioie, gli entusiasmi, i dubbi, le incertezze, le difficoltà, le relazioni, i progetti e i desideri.

Gli studenti devono, con gradualità, predisporre nuove priorità, nuovi modelli organizzativi, regole e valori.

Gli adulti, genitori, docenti, educatori, devono interagire con l'obiettivo di qualificare ruoli e competenze, assicurando alle ragazze e ai ragazzi capacità di ascolto, presenza, competenza e autorevolezza.

Le regole e il laboratorio delle emozioni

Le comunicazioni che intercorrono fra il sottoscritto e gli studenti delle scuole secondarie di primo e di secondo grado sono sempre di grande insegnamento. Alcune decisamente simpatiche.

Scrive F.X., studente di terza media. Prima mail: "Caro professor Dell'Oro, le mando questa mail per dirle che scrivo e leggo ogni giorno, come promesso".

Rispondo a F.X. facendogli i miei complimenti e incoraggiandolo a proseguire nel suo impegno.

Seconda mail. Con un curioso e simpatico passaggio dal "Lei" della prima mail al "Tu" e un tono fra il perentorio e il preoccupato, F.X. scrive: "Ciao, scusa se ti disturbo, rispetto ogni giorno il mio impegno, leggo ogni giorno, ma quando dovrò smettere?". Straordinario!

La mia risposta: "Ciao F.X., ben trovato. Quando dovrai smettere? Il giorno in cui non ti farai più questa domanda. Leggere e scrivere devono diventare due modi di essere. Far parte della propria vita, ma come azioni importanti e utili. Non come un obbligo. Pensaci. Ne parliamo. Un caro saluto. Prof. Dell'Oro".

Terza mail, con replica secca di F.X.: "Leggere ok, ma scrivere le mie emozioni è una cosa diversa!".

Le comunicazioni con gli studenti sono importanti in quanto testimoniano l'impegno ma anche la difficoltà a seguire nuove regole che tendono a modificare i modelli organizzativi.

Alcuni mantengono gli impegni per molto tempo. Altri solo per due o tre settimane, ma almeno ci hanno provato un po'. Non mancano coloro che, malgrado gli accordi, non si fanno più sentire e spariscono letteralmente.

Le conferme arrivano puntualmente dalle telefonate un po' imbarazzate delle mamme: "'Sto disgraziato! Che faccio, professore? Lo obbligo? Lo so... non va bene, deve essere lui! Mi vien voglia di... Mi scusi tanto...".

Insisto sempre con i miei studenti sull'importanza del rispetto delle regole e, in particolare, mi soffermo sull'utilità della lettura e della scrittura.

La lettura viene favorita soprattutto dall'esempio. Da coloro con i quali ti relazioni quotidianamente a casa, a scuola e nel gruppo degli amici.

La lettura non può e non deve essere un obbligo. Deve essere fatta con interesse e passione, ma alcuni vincoli iniziali, se accettati, possono favorire... la scoperta.

Ho sempre dato, poi, una particolare importanza a quello che chiamo "Il laboratorio delle emozioni", chiedendo alle ragazze e ai ragazzi di scrivere poche righe. Ogni giorno.

Suggerisco di utilizzare un computer. Aprire un file di un programma di videoscrittura e mettere una password: è il loro laboratorio. Lì, ci devono entrare solo loro. Fuori tutti: la mamma, il papà, la nonna, il nonno, la zia e anche il professor Dell'Oro.

Non devono raccontare i fatterelli della giornata. Il solito diario. Devono rivestire con le loro parole, quelle che vengono dal cuore, le loro emozioni, i sentimenti di gioia, di soddisfazione, di entusiasmo ma anche di rabbia, di tristezza e di disagio.

Ci tengo a dirlo (sperando che non svenga la Mastrocola): non si devono preoccupare della forma e, una volta tanto, nemmeno della correttezza grammaticale o sintattica. Per questo c'è sempre tempo. Devono fidarsi delle loro sensazioni.

Nel loro laboratorio possono scrivere di tutto. Dei loro amici, dei loro genitori e di loro stessi. Anche degli insegnanti. Di quelli che ricordano con piacere e che hanno lasciato un segno indelebile nella loro vita, ma anche di quelli, formato incubo, che hanno combinato disastri. A volte succede.

Suggerisco poi, una volta la settimana, di rileggere le considerazioni e le riflessioni descritte.

È straordinario notare come idee, intuizioni, desideri, ma anche difficoltà e preoccupazioni apparentemente insormontabili solo qualche giorno prima, possono essere, a distanza di poco tempo, giudicate e interpretate in modo diverso.

Nell'adolescenza non c'è nulla di definitivo.

Alle ragazze e ai ragazzi delle nuove generazioni serve più tempo.

Il tempo è una variabile importante da custodire. Per tutti. Anche per noi adulti.

Oggi serve più tempo per riflettere. Per scegliere, soprattutto quando si devono prendere alcune decisioni importanti. Ma anche per fare nulla.

Il linguaggio delle emozioni si costruisce gradualmente e permette di dare nuovi significati alla propria vita e alle proprie esperienze.

Il laboratorio rappresenta un'occasione per riflettere su se stessi, ma il pensiero introspettivo, elaborato e rielaborato, e quindi certamente fortificato e più sicuro, ha bisogno di contaminazione.

Per crescere, infatti, c'è un percorso obbligato: la relazione e il confronto con il pensiero degli altri. Il pensiero dei genitori, degli insegnanti, degli amici e delle persone care.

In questi anni, diversi studenti si sono cimentati in questa semplice proposta del laboratorio delle emozioni. I riscontri che ho avuto, anche da coloro che lo hanno seguito per poco tempo, mi hanno confermato interesse, sorpresa e utilità.

Mi scrive Silvia: "Il suo 'programma' lo sto seguendo tutti i giorni, in particolar modo quello delle emozioni, mi sta aiutando moltissimo e sto arrivando al punto di non poter fare a meno di scriverle... e da quando faccio questo lavoro riesco anche ad aprirmi di più con le amiche e a sfogarmi con loro. Grazie mille".

Orientamento *in itinere*: un'indagine

Analizzando alcuni dati[67] relativi a un campione di 431 colloqui individuali, realizzati nel biennio 2008-2010 e rivolti alle studentesse e agli studenti che hanno richiesto un aiuto

67 Indagine 2008-2010, effettuata da Antonella Pasotti e Francesco Dell'Oro.

durante il loro percorso alle scuole superiori, evidenziamo quanto segue:

- Sono i maschi a presentare le maggiori richieste (65%). Le ragazze al 35%.
- Il 94% degli studenti è di nazionalità italiana. Il restante 6% fa riferimento a studenti non italiani. La maggior parte extracomunitari.
- L'87% degli studenti abita a Milano. Il 13% nell'hinterland milanese. Il dato relativo a coloro che abitano fuori provincia o regione è statisticamente non significativo.
- Gli studenti delle scuole statali sono in grande maggioranza (80%). Si registra, tuttavia, un incremento della richiesta proveniente dalle scuole paritarie (15%). La percentuale minore (1%) è quella delle scuole private (non paritarie). Al 4% gli studenti dei centri di istruzione e formazione professionale.
- Le maggiori difficoltà si presentano al primo anno della scuola superiore. Nel nostro campione per il 51% degli studenti. I valori, ancora significativi al secondo anno (21,2%) e al terzo (19,1%), si riducono progressivamente al quarto anno (6,1%) e al quinto (0,8%). Poche le richieste (1,8%) degli studenti iscritti ai corsi di idoneità (bienni di recupero della scuola secondaria di secondo grado).
- Il 13,5% delle richieste proviene dagli studenti iscritti al liceo classico. Il 30,8 dallo scientifico. Il 6,0% dallo scientifico tecnologico (con i nuovi ordinamenti: scientifico scienze applicate). Scienze umane è al 4,4%. Il 7% dal linguistico. Un 4,4% dall'artistico e dagli istituti d'arte. Al 20,2% le richieste dagli istituti tecnici. L'8,5% dagli istituti professionali. Solo al 4,7% la richiesta degli studenti iscritti ai corsi di istruzione e formazione professionale. Pochi casi dalla scuola inglese e tedesca (0,5%).
- Ultimo dato: il consiglio espresso alla fine di un colloquio. Nel 49% dei casi abbiamo suggerito di cambiare

corso di studi. Con il 31% degli studenti abbiamo condiviso il corso scelto. A volte, confermando lo stesso istituto (18%), altre volte, consigliando di "cambiare aria" (13%). Minore il dato (3%) relativo alla scelta di corsi di idoneità (corsi di recupero per giovani con percorsi scolastici problematici o interrotti senza alcuna certificazione). Solo in qualche caso (2%) abbiamo segnalato di valutare l'opportunità di un inserimento lavorativo nell'ambito dell'apprendistato. Rimane l'esigenza di monitorare un 15% di studenti per alcuni mesi. In attesa di decisioni più ponderate.

Alcune riflessioni:

- Il primo dato, relativo al sesso, conferma che i maschi, come spesso accade, sono gli studenti più vivaci. Hanno ingaggiato una lotta senza esclusione di colpi con i libri e l'impegno scolastico. Le ragazze, generalmente, sono più mature e più responsabili. I maschietti recuperano dopo (lo dico con convinzione ma anche per una difesa di genere).
- La richiesta degli studenti dell'hinterland si attesta sul 13%. In realtà potrebbe essere superiore, ma si è cercato di non incoraggiarla e di contenerla per un problema di risorse umane e di logistica. Solo in presenza di reiterate insistenze e di alcuni casi particolari, non ce la siamo sentita di dire di no.
  Il numero e l'insistenza delle richieste provenienti dai paesi dell'hinterland milanese dovrebbero suggerire una più attenta analisi sulla distribuzione e sulle caratteristiche dei servizi di orientamento distribuiti a livello provinciale.
- Le richieste di aiuto degli studenti iscritti al primo anno della scuola superiore (51%) confermano quanto risulti problematico il passaggio dalla scuola secondaria di primo grado a quella di secondo grado. Ci si riferisce a studenti

vittime, secondo alcuni commentatori, di una vera e propria "sindrome da prima superiore". Una difficoltà sicuramente accentuata da una scuola poco orientativa e non sempre accogliente, ma anche da scelte non adeguate. Poco consapevoli o eccessivamente eterodirette in famiglia.

- Le richieste di aiuto degli studenti del terzo anno provengono, soprattutto, dagli iscritti al liceo scientifico e agli istituti tecnici. Il terzo anno del liceo scientifico rappresenta un passaggio piuttosto problematico per coloro che non sono proprio "baciati" dalla matematica. Anche il terzo anno degli istituti tecnici, quando iniziano le materie di indirizzo, evidenzia e accentua alcune difficoltà già presenti nei primi due anni.
- Un dato interessante e critico: le richieste di aiuto degli studenti del liceo classico, dello scientifico e delle scienze applicate rappresentano il 50,3% del totale. Complessivamente, le richieste degli studenti iscritti ai licei arrivano al 66,1%. Minori sono le richieste degli studenti iscritti agli istituti tecnici e a quelli professionali. L'indagine, quindi, rileva un dato che risulta inversamente proporzionale ai livelli di dispersione scolastica che, generalmente, caratterizzano i primi anni di alcuni istituti tecnici e professionali.
- Il dato relativo al consiglio espresso alla fine del colloquio richiede un'analisi più articolata.
- A molti studenti (49%) abbiamo consigliato di cambiare indirizzo. Non consigliamo mai di cambiare un corso alle prime difficoltà, in quanto la rimotivazione, in genere, rappresenta un obiettivo da perseguire a costo anche di qualche rischio. La fiducia nei nostri adolescenti è prioritaria e può fare miracoli. Ma se decidiamo di suggerire un cambio di indirizzo significa proprio che abbiamo giudicato inesistenti le possibilità di un recupero sul corso di studi intrapreso.
  Il nostro consiglio è quasi sempre condiviso dai genitori. Non sempre dagli studenti. Un dato da non sottovalu-

tare. In alcuni casi, infatti, non vogliono proprio sentir ragioni. Non se la sentono di abbandonare il gruppo classe, le amiche e gli amici. Si trovano bene e un possibile cambiamento li mette fortemente a disagio. È vissuto con grande sofferenza.
Non è facile intervenire. Occorre molta pazienza e tempo. A volte, sono loro stessi, dopo qualche settimana, a chiamarci per dire che "sì... insomma... ci hanno riflettuto e... hanno deciso di cambiare". Con grande fatica! È una delle conferme più evidenti di quanto siano sacre le relazioni amicali nella fase adolescenziale.

- Con il 31% degli studenti abbiamo condiviso la scelta effettuata, ma se nel 18% dei casi li abbiamo incoraggiati a proseguire gli studi nello stesso istituto, nel 13% abbiamo suggerito di continuare nello stesso corso ma altrove. Un dato, quest'ultimo, piuttosto critico. Richiama problemi importanti nel sistema delle relazioni con i dirigenti scolastici, soprattutto con i docenti e, anche se più raramente, con i compagni di classe. In alcuni casi rigidità e chiusure incomprensibili.
  Una ragazza iscritta alla quinta ginnasio di un liceo classico, in un recente colloquio, si è espressa in questi termini: "Caro prof, mi creda, modificare l'imprinting scolastico è umanamente impossibile!".

In generale abbiamo evidenziato:

- Una scarsa considerazione, da parte dei genitori, del consiglio orientativo espresso dai docenti della scuola secondaria di primo grado, ma anche alcune critiche severe che hanno alimentato tensioni importanti fra i genitori e i docenti. Nel mese di dicembre, quando viene dato il consiglio orientativo, nei nostri uffici riceviamo telefonate accorate da parte di genitori che si sentono feriti mortalmente da consigli che non condividono. Non è facile rassicurarli. Non vogliono sentire ragioni. Un consiglio orientativo che non conferma l'indirizzo desiderato viene vissuto dai genitori come una sorta di giudizio terribile sulle capacità dei loro figli e, in definitiva, su loro stessi. In diversi casi, infatti, vengono avanzate richieste pressanti ai dirigenti scolastici per ottenere una modifica del consiglio espresso. In genere, con scarsi risultati. In alcune scuole medie, tuttavia, si sta diffondendo una maggiore sensibilità. Molti insegnanti, infatti, cercano di soddisfare le richieste degli studenti e dei genitori, ma segnalando, molto opportunamente, una serie di attenzioni e di interventi indispensabili per costruire i requisiti scolastici per i corsi desiderati.

- Iter scolastici problematici con esperienze non positive alla scuola primaria o secondaria di primo grado. Un dato, purtroppo, scarsamente considerato.
- Tempo studio: insufficiente, frammentato e discontinuo. Pomeriggi che si trasformano in una sorta di andirivieni disordinato e sistematico fra le pagine di un libro, la tv, il computer, il telefonino, il frigorifero.
- Assenza di equilibrio fra tempo studio e il tempo libero. Spazi e momenti di aggregazione insufficienti e, a volte, inesistenti. Abbandono delle attività sportive, di gruppo, a favore di attività individuali: palestra, computer (anche cinque o sei ore...). Entrano in sofferenza alcuni elementi importanti per la costruzione di una identità: la vita di gruppo, la mediazione con gli altri, le regole, l'etica dei comportamenti e i valori.
- Scelte effettuate malgrado fossero evidenti difficoltà importanti su materie che caratterizzano l'indirizzo scelto. A volte, si prova sorpresa e imbarazzo quando si deve passare un intero colloquio a convincere due genitori (capita soprattutto con professionisti) di evitare, in presenza di insufficienze gravi in matematica, di scegliere un liceo scientifico e di non dimenticare che tali difficoltà richiedono, comunque, un recupero di abilità e competenze per qualunque tipo di scelta.

- Assenza di motivazioni e di interessi. Il fatto che non pochi adolescenti si trovino in questa situazione richiama, molte volte, l'inadeguatezza dell'intervento degli adulti. Non sempre riescono a innescare un minimo di interesse e di curiosità.
- Pressioni indebite da parte delle famiglie. Eccesso di direzione. Un futuro come percorso obbligato.
- Il contrario: assenza di direzione, di ruoli e di regole.
- Alcune problematiche che richiamano il sistema delle relazioni, i criteri e le modalità di valutazione, la vita scolastica in generale.
- Interventi continui sul lavoro dei ragazzi da parte degli adulti. Casi di vera e propria sostituzione. Me lo raccontano i ragazzi. In alcune famiglie sembra che tutti stiano facendo la scuola superiore: studia o meglio... ristudia il papà, la mamma, la nonna, il nonno e la zia. E il ragazzo? Sembra quasi dirigere i lavori.
- Contesti familiari problematici e ad alta conflittualità.
- Una relazione educativa inadeguata. A scuola e in famiglia. Assenza di figure significative.
- Un sistema di valutazione obsoleto, non formativo.
- Problematiche relative a disturbi specifici dell'apprendimento. A volte non segnalati. In alcuni casi non adeguatamente approfonditi. In diversi casi non supportati da una adeguata consapevolezza e competenza, in materia, da parte di alcuni docenti.

Una storia

Angelo T. (nome di fantasia) lavora in qualità di vice caporeparto in un supermercato a Milano. Soddisfatto e completamente immerso nella sua attività professionale che svolge con grande passione.

Dopo pochi anni di lavoro ha già la responsabilità su diversi lavoratori del reparto gastronomia. Un suo direttore lo ha definito con queste parole: “Affidabile, un punto di riferimento sicuro per l’azienda. Su Angelo posso contare a occhi chiusi”.

Lo incontro, in un pomeriggio estivo, nel mio ufficio.

“Essere responsabile di un gruppo di persone,” dice Angelo, “significa occuparsi, soprattutto, di relazioni umane. Il mio è un grande lavoro di squadra. Se lavoro bene io, lavorano bene loro. E se lavorano bene loro, lavoro bene anch’io.” E continua: “Un buon responsabile non è quello che interpreta in modo rigido e freddo le norme e i regolamenti. Bisogna essere efficaci e precisi, ma ci vuole anche un po’ di buon senso. La qualità di un gruppo è garantita da una cosa fondamentale: i tuoi ragazzi devono sentirsi utili e importanti. Devono sapere che il loro responsabile li apprezza e li stima. Sto insegnando loro i fondamentali, le competenze di base del lavoro”.

Angelo, oltre alla gestione e all’organizzazione della sua squadra, deve curare e controllare la qualità dei prodotti, il movimento e la preparazione delle merci, e, soprattutto, deve prestare grande attenzione alla relazione con i clienti, al loro grado di soddisfazione e alle loro richieste.

Dimenticavo: Angelo T. ha solo ventisei anni.

Sono certo che, vedendolo oggi, qualche suo ex docente del liceo scientifico potrebbe commentare: “Ma chi l’avrebbe mai detto?”.

Il primo incontro con Angelo risale a circa nove anni fa. Lo ricostruisco per grandi linee.

Angelo frequenta il terzo anno di un liceo scientifico di Milano. Si presenta nel mio ufficio con papà e mamma.

Dopo pochi minuti il quadro è abbastanza chiaro. Uno studente in grande difficoltà, profondamente demotivato e con un percorso scolastico problematico: due bocciature alle spalle e una terza in arrivo. Un livello di autostima vicino allo zero.

Due genitori preoccupati e sfiduciati. Il papà, ferito nell'orgoglio, non sembra più in grado di sostenere il figlio nel percorso scolastico. Scuote in continuazione la testa come per dire: "Se non riesce a scuola, se non studia, andrà a lavorare!".

È un papà triste e arrabbiato con un figlio dal quale si sente un po' tradito. Mi colpisce una frase con la quale sintetizza la sua amarezza: "Angelo ha un potenziale incredibile, ma ha la capacità di buttare via sempre tutto!".

La madre, per quanto fortemente preoccupata, riesce a manifestare ancora giudizi positivi e di incoraggiamento.

Angelo mi racconta la sua esperienza scolastica.

Tre anni alla scuola media in una zona della periferia sud di Milano e con ottimi risultati. Impara in fretta. Grande intuizione e ottima memoria. Un piccolo genio.

Ma c'è un problema: il suo lavoro scolastico si esaurisce quasi tutto al mattino. Nel pomeriggio, infatti, studia pochino, in quanto è spesso impegnato negli allenamenti per lo sci di fondo.

In questa specialità, Angelo, per quanto ancora giovanissimo, può essere ritenuto una speranza dello sci italiano. Partecipa ai vari campionati regionali e, nella sua categoria, si allena con i ragazzi della Nazionale italiana.

Angelo, in realtà, riesce molto bene in tutti gli sport. Un vero talento. Il problema che si ripropone quotidianamente è quello di riuscire a conciliare la sua passione per lo sport con l'impegno per lo studio.

Angelo ha un buon ricordo di quella scuola di periferia.

Pensando, in particolare, a una sua insegnante di italiano, si emoziona e, allargando le braccia, mi dice: "C.I. era una donna con una sensibilità straordinaria. Quando insegnava, si vedeva che amava il suo lavoro. Abbracciava il mondo e tutti noi. Ci voleva bene e noi lo sentivamo".

In terza media, Angelo viene sottoposto a un test, dal quale risulta che il suo Q.I. è decisamente oltre la norma.

Con l'iscrizione a un liceo scientifico in un istituto superiore, i suoi impegni sportivi entrano ben presto in conflitto con le materie di studio, le lezioni e i compiti.

Un primo anno disastroso: bocciato. Difficoltà in latino e matematica e un comportamento non adeguato, giudicato dagli insegnanti con un sette in condotta.

Angelo descrive il suo insegnante di latino come ottuso, incompetente e smaccatamente parziale nei giudizi e nelle preferenze.

"Non tolleravo l'incoerenza," aggiunge. "La mia attività sportiva (se ne parlava in classe...) veniva giudicata in modo molto negativo. Anzi, ne sono certo, venivo penalizzato per questo. A volte, non riuscivo proprio a stare zitto."

Angelo ripete il primo anno. Promosso a giugno.

Nella pagella spicca un otto in matematica. Ecco il suo ricordo della docente: "Geniale ma pazza. Era felice quando vedeva il terrore nei nostri occhi. Arrivava sempre a lezione con due o tre minuti di ritardo. Noi eravamo inchiodati al banco e in silenzio assoluto. Era una prof molto competente. Chiara ed esauriente nelle spiegazioni, brava. E quando dava i voti dimostrava sempre un'onestà clamorosa e un grande equilibrio".

Il primo quadrimestre della seconda liceo si presenta subito in salita. Tanti compiti e un crescendo di impegni nelle attività sportive determinano e accentuano le solite difficoltà.

All'inizio del secondo quadrimestre, Angelo ha un incidente. Si fa male a un ginocchio in una discesa con gli sci. Un incidente, in un certo senso, "provvidenziale" in quanto permette ad Angelo di seguire meglio il corso di studi e, infatti, a fine anno viene promosso, anche se con fatica.

I problemi si ripresentano in terza liceo scientifico. Da un rapporto pessimo con alcuni docenti nasce per i genitori il ritornello di sempre: "Vostro figlio ha grosse potenzialità ma non le usa e noi, allora, lo mettiamo maggiormente sotto pressione!".

Angelo ribadisce la sua convinzione: "Nessuna comprensione per la mia attività sportiva, nessun aiuto. Anzi un marcato fastidio".

A fine anno viene bocciato.

Quando si presenta nel mio ufficio con i genitori, Angelo sta ripetendo la classe terza. Spera in una promozione, anche se con fatica, ma è palpabile la preoccupazione per una ennesima bocciatura che, pochi giorni dopo, viene puntualmente confermata dall'esito negativo degli scrutini.

Nel mese di giugno, rivedo Angelo. Vuole abbandonare la scuola, ha sensi di colpa evidenti per non essere riuscito a conciliare scuola e sport, ma prova anche una rabbia indicibile. È assolutamente convinto del fatto che la scuola non lo abbia minimamente aiutato. Anzi.

Le relazioni in famiglia diventano impossibili.

Ci prendiamo qualche giorno di tempo per riflettere su alcune ipotesi:

- riprendere gli studi, magari cambiando indirizzo;
- scegliere dei corsi di idoneità per recuperare almeno un anno di scuola;
- cercare un lavoro.

Circa una settimana dopo mi telefona la madre. È preoccupata e turbata. Il preside ha fatto ad Angelo una proposta che la madre mi vuole riferire, ma solo a quattr'occhi. Non per telefono.

Si fissa un altro colloquio.

Pochi giorni dopo la madre mi racconta una cosa da non credere. Il preside ha suggerito ad Angelo un percorso estivo di recupero scolastico, in non ben precisati luoghi di preparazione e di studio nei quali avrebbe potuto recuperare in pochissimo tempo i vari insuccessi e sostenere gli esami di merito. Si ipotizzava un passaggio in una cittadina della nostra regione (Erba?) e un conclusivo esame in un fantomatico istituto paritario a Roma.

Costo dell'operazione: diverse migliaia di euro, ma con l'obiettivo di ottenere l'iscrizione al quarto o, addirittura, al quinto anno del liceo scientifico. Il tutto nei soli due mesi estivi e con una promozione garantita a priori.

Una proposta, per la famiglia, improponibile da un punto di vista economico ma, soprattutto, eticamente inaccettabile.

La possibilità di una denuncia viene ostacolata da comprensibili preoccupazioni, da resistenze e da scarse informazioni.

A questo punto, si decide di cambiare indirizzo di studio e di iscriversi in un istituto privato per cercare di recuperare, con l'organizzazione prevista nei corsi di idoneità, almeno un anno di scuola.

Angelo, senza lo spauracchio del latino e con uno studio assistito, ritrova, pur con qualche difficoltà iniziale, passione e interesse per gli studi. Si impegna.

Due anni dopo, con una telefonata, una mamma emozionatissima mi informa che il figlio è riuscito a diplomarsi e con buoni voti.

Siamo alla fine del nostro breve colloquio.

Prima di salutarmi, Angelo, con una certa sufficienza, mi dice: "Ma cosa ne pensa dei ragazzini di oggi?". Dalla sua domanda traspare un giudizio negativo. Rimango sorpreso e, fissandolo negli occhi, ricordo ad Angelo la sua storia e le difficoltà che ognuno di noi ha incontrato, con alcune considerazioni positive sulle ragazze e i ragazzi delle nuove generazioni.

Angelo mi ascolta con grande attenzione e si rende conto di aver formulato un giudizio frettoloso e non equilibrato. Ci pensa qualche secondo e, poi, con un po' di magone mi dice: "Ha ragione prof, non devo commettere gli stessi errori che hanno fatto con me! Cresceranno. Dobbiamo saperli aspettare".

Prima di salire sulla sua auto, Angelo, pur confermandomi la passione per il lavoro attuale, mi dice: "Prof, ma io dovrò sempre lavorare in un supermercato? Mi piacerebbe tantissimo studiare Psicologia".

Arrivederci, fra qualche anno, Angelo T.

Capitolo 10

Un incontro con gli studenti

La classe II B

L'orientamento scolastico non costituisce una disciplina a sé stante ma deve essere considerato come parte integrante dei processi formativi. L'intervento di un esperto esterno, quindi, si qualifica come un contributo alla normale attività scolastica.

Nell'incontro in classe con gli studenti delle scuole secondarie di primo grado si presentano le situazioni tipiche di ogni attività didattica ma con una accentuazione delle problematiche a essa collegate, in quanto ogni giorno si incontrano scuole, classi, docenti e studenti diversi.

Le tecniche e le modalità di comunicazione, di coinvolgimento, di partecipazione e di verifica delle conoscenze trasmesse richiedono una particolare attenzione.

La collaborazione con i docenti rappresenta la garanzia per l'efficacia di ogni intervento. Consente di acquisire informazioni sulle attività già realizzate, di evidenziare le esigenze delle singole classi, di analizzare e ridefinire il materiale didattico e di riprogettare le attività di orientamento.

Non è possibile stabilire regole e modelli di intervento validi per tutte le situazioni, ma alcune attenzioni sembrano risultare particolarmente utili.

In classe

La fase iniziale di un incontro con gli studenti richiede la capacità di saper leggere la classe: l'attesa, la disponibilità, le dinamiche e le relazioni. È in questo momento che, in buona parte, si creano le condizioni per la riuscita di un intervento.

Gli studenti, già dalle prime battute, devono avere la sensazione di assistere a qualcosa di importante. A un evento nel quale loro saranno i protagonisti principali.

Con questa attenzione, l'esperienza maturata in molte scuole suggerisce di distribuire alle ragazze e ai ragazzi dei cartellini sui quali scrivere il proprio nome. Dopo pochi minuti sui banchi di ogni studente appaiono cartellini simpaticissimi sui quali hanno preso forma i loro nomi, illustrati con grande fantasia e originalità. Gli studenti ne vanno orgogliosi. Su alcuni spiccano cuoricini disegnati con grande cura, a testimonianza dei primi affetti, della sacralità delle reti amicali e delle prime "botte" ormonali.

È come essere a un convegno, ma in presenza di quasi una trentina di esperti un po' originali. Si passa, quindi, alle presentazioni.

Bisogna, innanzitutto, leggere a voce alta, con un po' di mestiere e simpatia, tutti i nomi degli studenti. Ognuno di loro deve sentirsi chiamato in causa e parte importante di un lavoro di gruppo.

Subito dopo tocca agli adulti: ci si presenta specificando ruolo e competenze. Raramente rinuncio a scherzare con le ragazze e i ragazzi sull'insegnante di turno, sottoponendolo a una specie di test, simile a quello che utilizzo con i genitori. Chiedo agli studenti: "Da uno a dieci... quanto è brava la prof. XY?".

Le risposte, di solito, presentano un'alta valutazione: dieci. Solo in qualche caso si sentono alcuni sei o sette, seguiti da qualche imbarazzo.

La situazione diventa ancora più interessante quando, fra lo stupore degli studenti, aggiungo: "Sempre da uno a dieci... quanto rompe la prof. XY?".

Una valutazione di dieci punti, espressa anche con entusiasmo, conferma un buon rapporto fra gli studenti e gli insegnanti. Alcune incertezze, invece, possono richiamare preoccupazioni o difficoltà, in qualche caso, da approfondire.

Un consiglio: situazioni di questo tipo possono realizzarsi solo con la piena disponibilità dell'insegnante e con un dosaggio adeguato di autorevolezza e simpatia.

Come sempre, il chilometraggio e i capelli bianchi aiutano.

I risultati, comunque, sono molto positivi: gli studenti si divertono moltissimo e la maggior parte dei docenti sta al gioco. Quasi sempre.

Questo approccio, apparentemente banale, permette di acquisire importantissime informazioni sulle relazioni che si sono instaurate nel gruppo classe e fra gli studenti e i docenti. È un approccio utile a creare un clima ideale per lavorare insieme.

Gli obiettivi

Dopo le presentazioni, occorre segnalare il tema dell'incontro e gli obiettivi che si intendono raggiungere.

Figura 3. Gli incontri e le iscrizioni.

Bisogna informare il gruppo catturando disponibilità, attenzione e curiosità.

Se sapete disegnare, ringraziate il Padre eterno e le stelle. Per quanto mi riguarda, anche papà Tugnin e mamma Neta.

Il linguaggio grafico cattura velocemente l'attenzione, generando stupore e disponibilità al lavoro. Lo utilizzo in ogni incontro e i risultati, molte volte, sono sorprendenti. Se non sapete disegnare, utilizzate disegni o quadri grafici preparati in precedenza o qualche "diavoleria" tecnologica.

La figura 3, tracciata velocemente sulla lavagna, sintetizza molto bene, nella sua semplicità, il tema di un incontro effettuato nel mese di maggio.

L'angioletta con il culotto in aria vuole rappresentare, in modo simpatico, ogni ragazza e ogni ragazzo di seconda media all'inizio di un percorso che si concluderà in terza media nel mese di gennaio o febbraio: periodo delle iscrizioni alla scuola secondaria di secondo grado.

Il punto interrogativo introduce la ricerca di argomenti e di informazioni indispensabili per effettuare una scelta scolastica consapevole.

Il disegno della figura 4, distribuito in formato A3, presenta agli studenti un'originale caccia al tesoro che li porterà a scoprire, in mezzo ai rami, la scuola secondaria di secondo grado, con le sue porte di ingresso che richiamano gli indirizzi formativi previsti.

Per entrarci servono delle chiavi che troviamo appese alle frecce disegnate alla base della pianta. Ogni freccia indica un codice. Nel nostro linguaggio grafico: un tema, un argomento da approfondire.

Come trovarlo? A questo punto entrano in gioco i disegni rappresentati fra i rami della pianta: il violinista, lo chef, il meccanico, l'impiegata, una dottoressa, un pittore, l'agricoltore, i genitori, gli insegnanti, i compagni di classe, gli amici, un ragazzino che si guarda allo specchio, un calciatore seduto su alcuni libri, due ragazzine che nuotano, il pozzo dei desideri, un distributore, i due treni del lavoro e della scuola, il salto sui coccodrilli, il palloncino con il sapere, il saper fare e il saper essere, uno zaino, i libri e, infine, i lavori in corso.

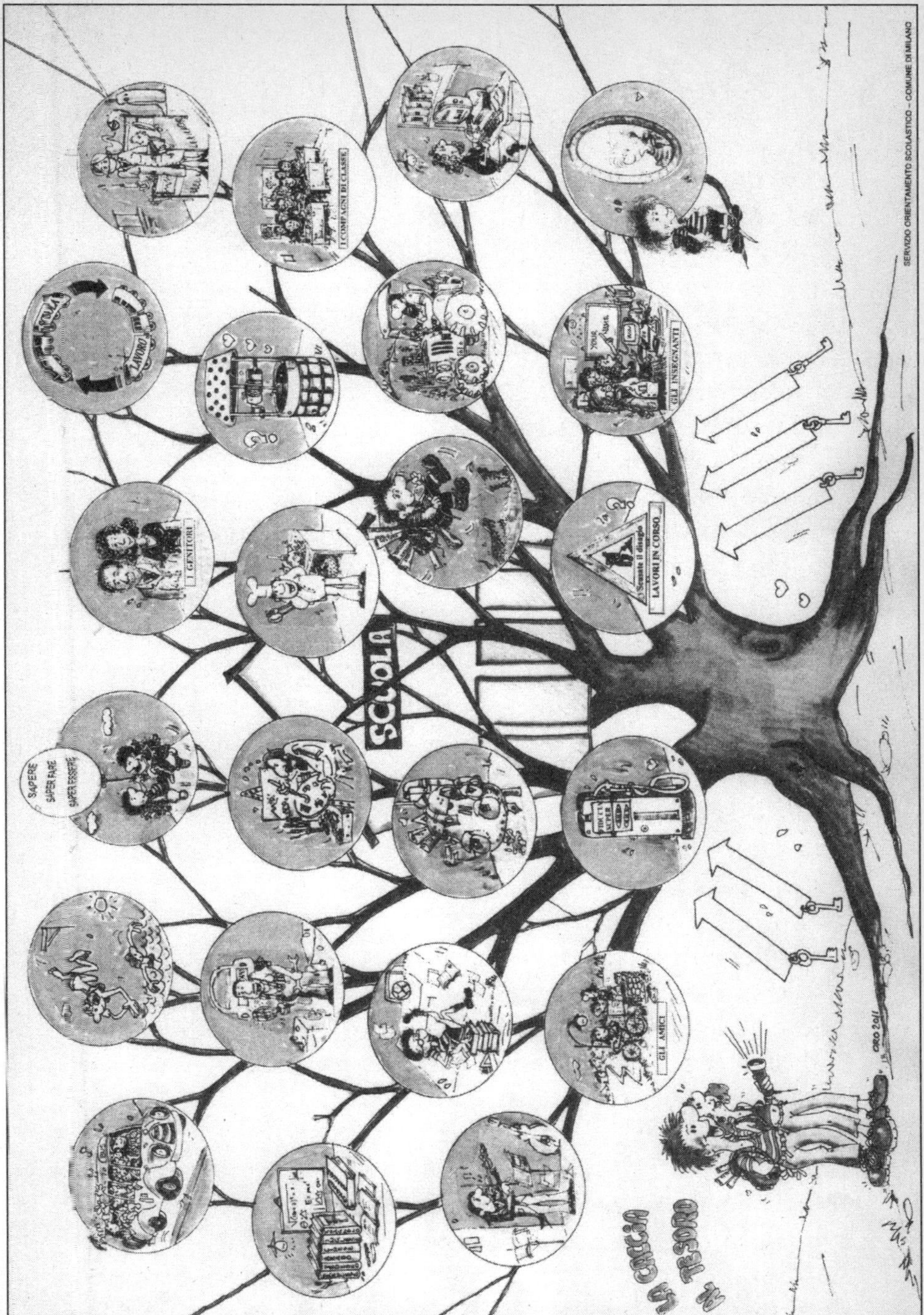

Figura 4. La caccia al tesoro.

I disegni suggeriscono i temi da approfondire. I nostri codici.

È straordinario vedere quello che succede in una classe ogni volta che si riesce a trasformare una attività didattica in un gioco.

L'attenzione, l'interesse, il desiderio di ricerca crescono subito e si trasformano spontaneamente in una sana e fruttuosa competizione.

Le ragazze e i ragazzi sono bravissimi. Bastano pochi minuti, a volte, anche pochi secondi per vedere parecchie mani alzate. Vogliono intervenire in molti. I loro contributi sono davvero interessanti e curiosi. A volte, stupefacenti.

La fantasia degli adolescenti è incredibile. In poco tempo, uno dopo l'altro, riescono a trovare i cinque codici: le intelligenze, l'organizzazione, i desideri e il futuro, i compagni di viaggio, la scuola.

Il messaggio è arrivato: solo approfondendo i temi individuati ci sarà la possibilità di utilizzare le chiavi, passare per le porte della scuola e scoprire le caratteristiche dei corsi esistenti, la loro durata, le materie, il tipo di impegno richiesto, il loro possibile sviluppo futuro e i criteri che devono guidare una scelta scolastica.

Il gruppo, ora, è pronto per iniziare un viaggio molto particolare.

Il viaggio

Anche la semplice distribuzione dei quadri grafici (figg. 5 e 7) può essere un'occasione importante di coinvolgimento di tutti i componenti del gruppo.

Questo compito, di solito, è bene affidarlo agli studenti un po' più agitati. Gli effetti di una responsabilizzazione anche con compiti banali, a volte, sono incredibili. È un vecchio trucco della vecchia scuola.

Gli studenti immaginano di salire su un'auto simpaticissima e rigorosamente ecocompatibile. Si parte.

Inizia un viaggio che, attraverso alcune soste, li porterà nel mese di gennaio davanti alla scuola secondaria di secon-

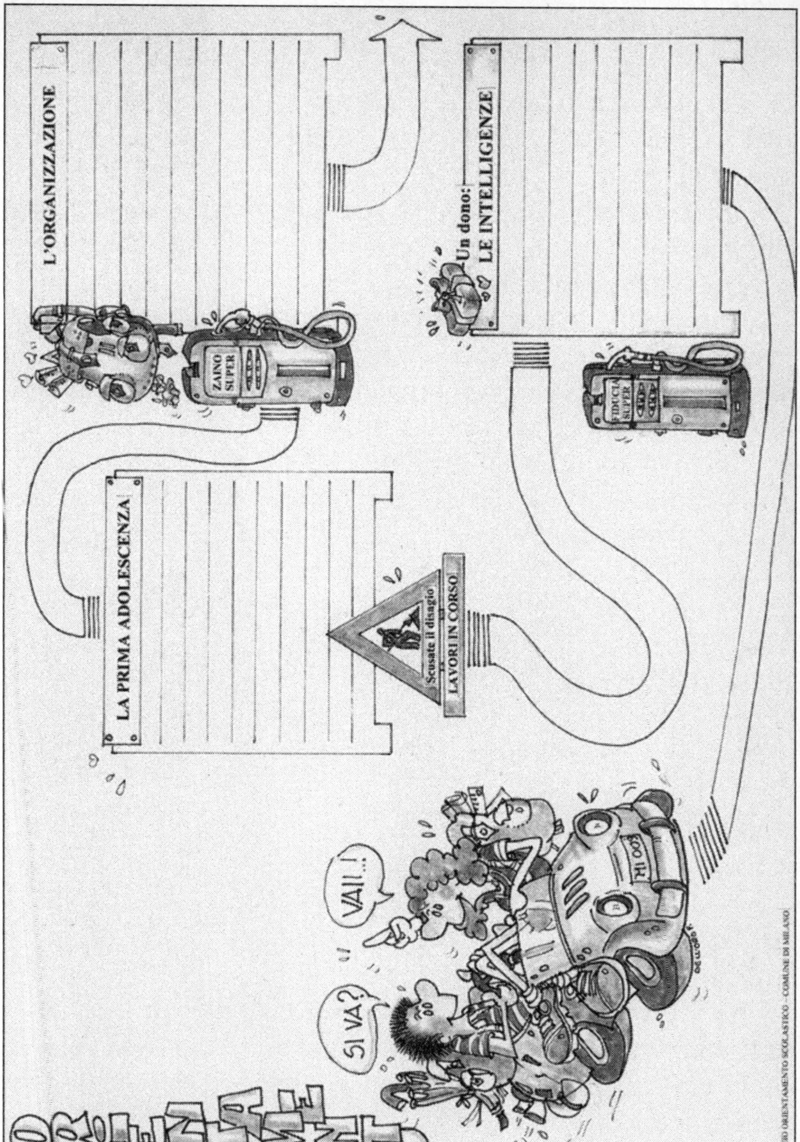

Figura 5. Il viaggio, parte prima.

do grado per scegliere un corso di studi. Le soste diventano un'occasione per avviare una discussione su alcuni argomenti. Pochi chilometri ed eccoci alla prima: le intelligenze.

Cos'è l'intelligenza? Siamo tutti intelligenti? Cosa ne pensano gli esperti?

Per alimentare un clima di attesa e di interesse da parte degli studenti, alla lavagna scrivo due date che richiamano epoche diverse: 1860, 1912.

Comincio a disegnare (figura 6) e a presentare le opinioni del primo esperto: Paul Broca. Poi, il secondo. Solo più avanti, dopo alcune considerazioni sui primi due, presenterò il terzo esperto.

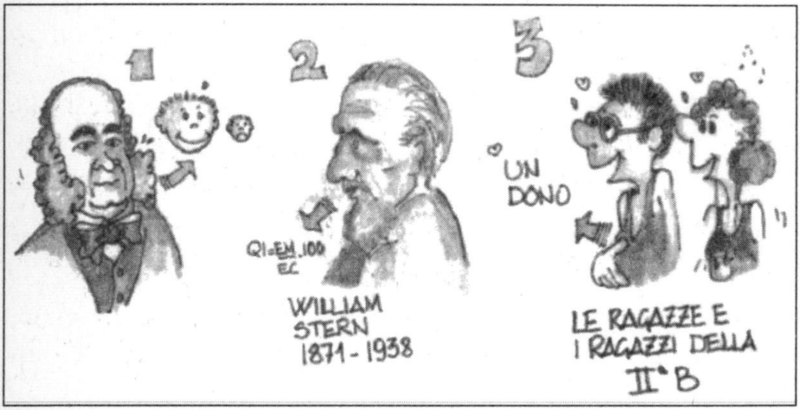

Figura 6. Gli esperti.

Paul Broca, neurologo e chirurgo francese, fu il primo a individuare nell'emisfero sinistro del nostro cervello un'area coinvolta nella elaborazione del linguaggio, oggi nota, appunto, come area Broca.

Broca si rivelò meno efficace nello studio dell'intelligenza. Era convinto, infatti, che esistesse una relazione fra le dimensioni del cervello e l'intelligenza. Banalizzando un po': più una persona ha la testa grossa e più è intelligente.

Le risate del gruppo non si fanno attendere, sottolineando subito questa idea assolutamente stravagante.

L'equazione di William Stern (Q.I.=EM/EC × 100), che possiamo definire la madre di tutti i test, non raccoglie grandi entusiasmi. Troppo sofisticata.

Tutti si mostrano più interessati nel sentire l'opinione del terzo esperto; non vi dico la piacevole sorpresa che agita il gruppo classe quando segnalo che il terzo esperto fa riferimento alle ragazze e ai ragazzi della II B, cioè a loro.

È bello notare come alcuni studenti si sentano responsabilizzati, decisi a fare una bella figura. Bastano pochi interventi, alcune riflessioni, idee, intuizioni, qualche breve e utile discussione ed ecco la frase magica con la quale i nostri studenti vincono questo confronto fra esperti: l'intelligenza è un talento, un dono!

Fate attenzione alle facce e agli sguardi degli studenti. Alcuni sono assolutamente convinti, altri meno. Non mancano coloro che, scuotendo la testa, manifestano un marcato scetticismo, come per dire: "Noi non abbiamo talenti particolari". È un segnale che va colto immediatamente.

Rivolgendomi a tutti gli studenti, faccio scrivere sul quadro delle intelligenze il seguente messaggio:

- Esistono diverse intelligenze: linguistica, logico-matematica, artistica, musicale, tecnico-operativa, relazionale-sociale, psicologica, cinestetica-corporea... (L'elenco, in realtà, potrebbe essere molto più lungo).
- Ognuno di noi ha un dono prezioso. Può riconoscersi in una o più intelligenze.
- Attenzione! Non lasciamoci ingannare dai falsi messaggi. Non facciamoci travolgere dalle difficoltà. Le difficoltà non devono essere sottovalutate. Bisogna imparare a riconoscerle e ad accettarle. Ma le difficoltà possono essere ridotte e, a volte, trasformate in risorse. In competenze.

Un suggerimento per i formatori: i consigli degli adulti sono piuttosto "volatili". Devono essere tradotti e sostenuti con esempi di vita vissuta. Ne possiamo trovare moltissimi con riferimento a personaggi famosi ma anche a esperienze personali.

Quando ricordo le mie difficoltà scolastiche, l'attenzione è al massimo. Non manca qualche segnale di incredulità, prontamente debellato.

Gli esempi trasmessi con buone tecniche di affabulazione non cadono mai nel vuoto, richiamano attenzione e sorprendono. Gli studenti se li ricorderanno.

Amo, infine, concludere la riflessione sulle intelligenze con una frase di Albert Einstein e alcuni consigli.

- Einstein diceva: "Non ho particolari talenti ma sono appassionatamente curioso!". La curiosità è il sale della formazione. È un tipo di intelligenza che tutti dobbiamo avere perché garantisce un adeguato approccio alla formazione.

  I consigli:

- Care ragazze e cari ragazzi, scegliete un corso di studi che non vi mandi in sofferenza e che vi consenta di vivere, con impegno e passione, la vostra vita di studenti e di adolescenti.
- Un giorno chiesi a un ragazzino di terza media che voleva iscriversi al liceo classico, come mai fosse interessato allo studio del latino e del greco. Mi rispose: "Sono due lingue morte. Ma ci tocca!".

  Per effettuare una scelta scolastica consapevole bisogna saper rispondere a questa semplice domanda: "Cosa mi interessa, cosa mi incuriosisce del corso di studi che vorrei frequentare?".
- Il corso che scegliete non può essere quello che desidera il papà, la mamma, la nonna, la zia, un vostro insegnante o il professor Dell'Oro. I loro consigli vi saranno utilissimi, ma, nella scelta della scuola, siete voi a essere i principali protagonisti.

Si riparte. Un breve percorso ed ecco un segnale che introduce il tema della prima adolescenza: lavori in corso. Non è rappresentato nei nostri codici ma li completa e li qualifica. Su questo argomento, gli studenti si scatenano con interpretazioni originali e divertenti. Ma tutti, pur con analisi diverse, arrivano presto al punto centrale dell'argomento: "Stiamo cambiando".

Noi formatori, nei confronti degli adolescenti, abbiamo una grande responsabilità. Le parole, i comportamenti e le emozioni che trasmettiamo devono, innanzitutto, rassicurarli.

In seconda media, nel nostro caso a nove mesi dalle iscrizioni, è assolutamente normale che solo pochi studenti abbiano già in mente una precisa scelta scolastica. L'indecisione è molto diffusa. Per alcuni è buio totale.

Preferisco, allora, dare subito un messaggio diretto e rassicurante a tutta la classe: "La scuola, gli insegnanti, gli adulti vi stanno chiedendo di fare una scelta scolastica nel momento meno adatto perché, nella prima adolescenza, state attraversando una fase di grandi cambiamenti. Non preoccupatevi, quindi, se non sapete cosa scegliere o se vi capita di cambiare spesso idea, passando dallo scientifico, al classico, al linguistico, all'istituto tecnico, magari a indirizzo sportivo (uno dei più gettonati), o al percorso professionale di odontotecnico o di chef. State tranquilli. È tutto normale. Ci sarà modo e tempo per fare una scelta utile e consapevole".

La rassicurazione diventa particolarmente efficace presentando, in modo divertente, i cambiamenti che avvengono a livello fisiologico, cognitivo, relazionale e valoriale. Quasi per esorcizzarli. Sicuramente per sorridere e per acquisire maggiore consapevolezza nel merito.

Tutto ciò diventa possibile trasmettendo pochi messaggi, ma con il linguaggio del corpo e della mimica.

- Qualche battuta simpatica sulla tempesta ormonale, le ghiandole endocrine e il relativo assalto degli ormoni. Molti ridono di gusto. Altri assumono l'atteggiamento di chi ormai è ben informato. Fulvio, con un certo orgoglio, mi dice: “Li abbiamo già studiati in scienze”. Qualcuno arrossisce un po’.

- Indicando alcune ragazze della classe (i cartellini sono utilissimi...), mimo una scenetta, accolta con ilarità dalle studentesse coinvolte. Elisa, Giulia, Maria, Ludovica stanno uscendo di casa. Si guardano allo specchio e, soddisfatte, affermano: “Siamo bellissime!”. Ma il gruppo rientra in casa perché Giulia ha dimenticato una cosa. Pochi minuti dopo, ripassando davanti allo specchio, a Elisa sorge un dubbio: “Oh mio Dio, c’è qualcosa che non va. Guarda che capelli. No! Oggi, proprio non mi piaccio!”. Nella prima adolescenza si provano emozioni e sentimenti contrastanti. Si cambia umore con la velocità della luce. È la conferma dei “lavori in corso”. Ci vuole un po’ di pazienza da parte degli adolescenti e molta da parte degli adulti.

Si passa ai cambiamenti che avvengono a livello cognitivo.
Gli incontri in classe, a volte, ci regalano delle scenette gustose. Ve ne presento una. Protagonisti: il sottoscritto e una ragazzina di seconda media.

“In questa fase della vita,” dico, “cambia il modo di ragionare, di discutere e di confrontarsi. Si abbandona definitivamente... il vasino con l’ochetta. Si cresce.”

Francesca, molto divertita e accompagnata da una risata generale, dall’ultimo banco precisa: “Io usavo l’ippopotamo”.

Sto al gioco: “L’ochetta e l’ippopotamo sono simpaticissimi ma dobbiamo lasciarli. Si impara a pensare, a discutere e a problematizzare utilizzando il pensiero astratto. Si cambia. Si esce, cioè, gradualmente dagli schemi cognitivi rigidi della tarda infanzia. Giorno dopo giorno, si diventa sempre più consapevoli delle proprie esperienze e azioni”.

Francesca, con grande prontezza di spirito, ribatte: “Bello! Ma un po’ mi dispiace per l’ippopotamo”. Grande Francesca.

Introduco una riflessione sui cambiamenti che avvengono a livello relazionale con una domanda: “A mamma e papà volete sempre bene?”.

Stiano tranquilli i genitori, le risposte sono confortanti. Il “sì” è generalizzato, ma sono le facce, la mimica e i movimenti del collo delle ragazze e dei ragazzi che vanno interpretati. Basta saper aspettare. Pochi secondi, ed ecco che dai banchi, dapprima timidamente ma poi in modo sempre più convinto e con il sostegno di tutti, sale il classico: “Però quanto rompono!”. Andrea è ancora più esplicito: “Prof, certe volte, che palle!”.

Per capire cosa sta succedendo, trovo interessante ricostruire, con la collaborazione di qualche studente, alcune fasi della vita che precedono la prima adolescenza.

Jacopo si offre volentieri. Gli togliamo subito dieci anni. Ora ne ha solo due. Gira per casa, con il pannolino, combinando un po’ di disastri, quando arriva il papà che gli dice: “Ti devo raccontare una cosa bellissima”. Lo stupore di Jacopo è totale: “Ooooh...”.

È la primissima infanzia. Papà e mamma sono infallibili. Un bambino introietta la realtà familiare, assorbendo naturalmente il mondo che lo circonda.

Ruoli, atteggiamenti, informazioni, regole e valori si radicano facilmente e contribuiscono a delineare una concezione di vita che lascerà tracce indelebili nella sua esperienza futura. Jacopo cresce in fretta.

A tre anni e mezzo, con Antonio, un fratello gemello (volontario trovato in pochi attimi), innesca un conflitto di proprietà su un giocattolo. “È mio! È mio!” “No, è mio!” La mamma interviene per sedare la contesa, ma poi, mentre si allontana, riprende il solito ritornello: “È mio!”. “No, è mio!”

È la fase dell’egocentrismo. Una fase importante nella quale ogni bambino vuole affermare la propria personalità.

Debora, piuttosto perplessa, ci informa che il fratello di dieci anni continua a dire: “È mio! È mio!”. E aggiunge: “Gli si è bloccato qualcosa?”.

Stupore, silenzio, risate fragorose, ma anche suggerimenti caratterizzano la straordinaria partecipazione di tutta la classe.

A otto anni, Jacopo ha ormai capito una cosa: mamma e papà non sono più infallibili, ma, a parte qualche normale contrasto, con loro si trova ancora molto bene.

Arriviamo velocemente alla sua età attuale: Jacopo ha dodici anni. È nella sua cameretta, impegnatissimo sul computer portatile.

Silenzio! È su Facebook: il suo nuovo mondo. Riceve messaggi. Ne manda a ripetizione. Inizia una discussione con alcuni amici. Su Facebook ci sta proprio volentieri, potendo, anche per alcune ore.

È affascinato e rapito dalle sue comunicazioni, quando, all'improvviso, il papà (ma che ci fa a quest'ora?!) rompe l'incantesimo: "Studiamo alla grande, eh?...". La risposta è immediata: "Uffa, quanto rompi!".

Queste brevi scenette realizzate in classe, con le rappresentazioni di alcune fasi della vita di ogni giorno, assumono una funzione quasi terapeutica. Hanno un valore rassicurante. Trasmettono la capacità di osservare, con il sorriso ma anche con una certa ironia e distacco, il proprio percorso di vita, le sue difficoltà, i suoi interessi.

Ma c'è di più. Creano disponibilità e una condizione ideale per riconciliarsi con la propria età, per analizzare le proprie esigenze, il sistema delle priorità e per comprendere, almeno in parte, le ragioni degli adulti.

Siamo al terzo argomento: l'organizzazione.

In classe, ma non solo, risparmiamo agli adolescenti quelle noiose cantilene che caratterizzano le preoccupazioni dei genitori e degli insegnanti: "Devi studiare di più" , "Devi fare questo", "Devi fare quest'altro", "Mi raccomando, impegnati", "Non fare come l'ultima volta". E così via...

Il linguaggio del "devi fare, del devi essere..." non è efficace. Si perde per strada e raggiunge pochi studenti, di solito quelli che non ne hanno bisogno.

Allora che tipo di messaggio possiamo lasciare agli studenti della II B? Come? Utilizzando il racconto? L'affabulazione? Oh, yes!

L'amico Jacopo, considerata la sua disponibilità, ci può aiutare. In questo caso gli aumentiamo, con sua grande soddisfazione, l'età: quindici anni!

Lo immaginiamo iscritto al secondo anno di un liceo scientifico e in piena crisi. Un quadro scolastico problematico che Jacopo sintetizza con una delle frasi classiche, fra le più gettonate: "Ho un sacco di materie 'sotto'".

Ricostruiamo il pomeriggio di Jacopo. Con il suo inseparabile iPod, mentre mangia una mezza focaccia, torna a casa verso l'una. Appena arrivato, accende prima la televisione, poi il computer, per vedere se ci sono messaggi su Facebook o nuove mail.

Dopo essersi riscaldato velocemente un piatto di ravioli, mangia di nuovo e con gusto. L'appetito non gli manca. Poi, provato da una mattinata di scuola, si sdraia sul divano.

Alle tre, Jacopo consulta il diario. Poiché le indicazioni sui compiti non sono chiarissime, meglio verificarle con Giovanni. La telefonata, tuttavia, non ha un esito soddisfacente: dal diario di Giovanni non escono migliori informazioni. Il contatto offre, comunque, un'occasione utile per scambiarsi alcuni pareri sul campionato di calcio e sul concerto del grande Vasco.

È seccante, ma bisogna telefonare a quella secchiona di Elisabetta. Precisa come sempre: una traduzione di latino, sei disequazioni e dieci pagine di storia. Nel frattempo, è già passata una prima mezz'ora.

Il primo esercizio di matematica non sembra particolarmente difficile. Solo qualche incertezza. Con il secondo, invece, le cose si complicano. Meglio passare al terzo. Insomma, con alti e bassi, lo studio sembra andare avanti quando squilla il telefono. "Pronto!" dice Jacopo. Gli risponde una voce stupenda: "Ciao, sono Luisa, ho una cosa da dirti...".

Come continuerà la telefonata? Alla classe presento due possibili risposte.

La meno probabile: "Ciao, Luisa, senti... sto studiando storia. Ci sentiamo più tardi?".

La più probabile, anzi certa e vale la pena di seguirla, è la seguente: "Ciao, Luisa, cosa hai saputo? Davverooo? Racconta...".

Dopo venti minuti al telefono, Luisa e Jacopo concludono così la loro conversazione: "Ma è pazzesco! Informi tu Gabriele? Io chiamo Giulio e Mara...".

Dalle case di Jacopo e Luisa parte una rete, un gossip telefonico, che in pochi minuti coinvolge i compagni di classe, salutati solo due ore prima.

Jacopo guarda l'orologio: la prima ora e mezza di studio (?) è già passata. Riprende gli esercizi di matematica, ma con grande difficoltà. La testa è percorsa da un sacco di pensieri e di notizie fresche, poco scolastiche.

Quattro esercizi di matematica sono fatti, ma è piuttosto tardi e fra un'ora e mezza ci sono gli allenamenti di basket. Jacopo pensa già a una soluzione di riserva. La solita: "Magari questa sera chiamo Elisabetta".

Ora passa alla traduzione di latino: "Graeci post bellum decem annorum contra Troianos senserunt urbem Troiam propter loci naturam nec...".

Quando rimane poco più di mezz'ora utile per lo studio, Jacopo commenta: "Che palle questi Greci e Troiani! A che serve 'sto latino? Boh?!". Comunque è a metà traduzione. Potrebbe finirla ma sente già un buco nello stomaco. Apre il frigorifero e si fa un panino, convinto che si possa tradurre e mangiare contemporaneamente.

Il passaggio dal testo al dizionario e viceversa, e le briciole che cadono e si infilano da tutte le parti, rendono il tutto piuttosto problematico. Idea! Cinque minuti di televisione. Il tempo di mangiare un panino.

Ci voleva proprio. Peccato che, subito dopo, Jacopo viene assalito dal classico coccolone e si addormenta.

È esattamente in questo momento che entra in casa la mamma: "Studia, disgraziato!". "Che rottura!" commenta Jacopo, mentre raduna la borsa, i calzoncini, le scarpe, l'asciugamano e i calzettoni, sparsi qua e là nella sua cameretta. È pronto per gli allenamenti di basket.

Uscendo di casa viene assalito da un dubbio atroce: e le dieci pagine di storia?

Jacopo si ferma, ci pensa un attimo, ma poi si tranquillizza: "Quella strega della prof mi ha interrogato due giorni fa. Non sarò mica così sfigato!".

Ci vorrebbe una videocamera per registrare e apprezzare le reazioni delle ragazze e dei ragazzi della II B: le facce, i loro commenti, le risate, le conferme in alcuni passaggi, il consenso e anche qualche preoccupazione.

Sorridere sulle difficoltà permette di individuare i propri limiti, di giudicarli onestamente, lucidamente e di avviare opportune strategie per superarli.

Non esiste una videocamera che riesca a catturare i loro pensieri, ma il divertente racconto di un folle, ma abbastanza comune, pomeriggio di "studio", ha centrato l'obiettivo. Ora c'è una maggiore disponibilità ad ascoltare, a riflettere e a rivedere il proprio modello organizzativo. E non è poco.

Lo sappiamo, anche per esperienza personale, l'entusiasmo adolescenziale, molte volte, ha il fiato corto. Dura poco. Ma è un segnale positivo importantissimo.

Il tema dell'organizzazione viene semplificato con poche parole riportate sul relativo quadro grafico e poi analizzate.

"Bisogna imparare a fare fatica, facendo cose utili e stabilendo alcune regole:

- lettura, tre pagine al giorno;
- scrittura, il laboratorio delle emozioni. Poche righe ma ogni giorno;
- il tempo studio e il tempo libero;
- attenzione e partecipazione in classe".

Ci sono tre categorie di lettori.

Nella prima troviamo le persone che leggono sempre, in qualunque momento, moltissimo. Un'insegnante di mia conoscenza dice che la figlia, facendosi luce con la pila, continua a leggere sotto le lenzuola.

Nella seconda categoria, la più rappresentata, ci sono coloro che, quando trovano un libro interessante, lo "divorano" in tre giorni. Poi non leggono per due mesi.

La terza appartiene ad adolescenti fortemente allergici alla lettura. Non ne vogliono proprio sapere. Pura repulsione.

La lettura risulta utile se fatta con passione. Non può essere vissuta come un obbligo. Eppure fissare una regola, piccola ma da rispettare ogni giorno – leggere tre paginette – può aiutare a riaccendere un pigro motorino di avviamento.

Per quanto riguarda il laboratorio delle emozioni, propongo agli studenti di scrivere, ogni giorno, tre o quattro righe. Devono imparare a riflettere, a dare voce alle loro emozioni e ai loro stati d'animo.

Il terzo punto, studio e tempo libero, lo introduco con un esempio.

Un po' di tempo fa, Rosanna, una ragazza iscritta al terzo anno di un liceo linguistico, si presenta nel mio ufficio. È in grande difficoltà.

Si ricostruisce il suo percorso. Primo anno di scuola: promossa a giugno e con una discreta valutazione. Al secondo anno le prime difficoltà: promossa dopo aver risolto due debiti. Al terzo anno: un disastro.

Rosanna mi informa di aver abbandonato, in seconda liceo, la squadra di pallavolo di cui era capitano. Risultato: peggioramento sul piano scolastico e magone permanente per aver lasciato uno sport bellissimo.

Le ragazze e i ragazzi della II B hanno colto in pieno il messaggio: bisogna imparare a gestire il tempo studio e il tempo libero, due momenti importantissimi. A questo proposito, sono loro stessi a dare suggerimenti su come impostare l'organizzazione quotidiana. Incredibili.

Il quarto punto, attenzione e partecipazione in classe, richiede un impegno particolare da parte degli studenti e dei docenti. Gli studenti, almeno in teoria, sanno quello che devono fare: partecipare alla vita e al lavoro della classe, ai confronti, alle discussioni, stare attenti durante le lezioni, seguire le attività di laboratorio. Almeno quelle rimaste.

I docenti devono trasmettere la magia della loro materia. Devono saper comunicare, coinvolgere e appassionare tutta la classe.

Abbiamo superato la metà del nostro percorso: siamo alla quarta sosta. (figura 6)

I compagni di viaggio vengono individuati in pochi secondi: gli amici, i genitori, gli insegnanti. Aggiungo: i servizi di orientamento.

In questo incontro ci soffermiamo soprattutto sugli insegnanti e sui genitori.

Gli insegnanti, in genere, nel mese di dicembre, hanno il compito e il dovere di dare a tutti gli studenti un consiglio orientativo che verrà poi rivisto e riformulato a fine anno scolastico.

Chiedo al gruppo: "È obbligatorio, vincolante il consiglio orientativo degli insegnanti?". La classe non ha dubbi. È un coro: "No! Non c'è alcun obbligo".

Andrea, una specie di sindacalista in erba, è ancora più esplicito: "Siamo noi che dobbiamo andare a scuola. Dobbiamo scegliere quello che vogliamo!".

I risultati di alcune indagini che confermano l'utilità e l'efficacia del consiglio orientativo degli insegnanti sembrano minare alcune certezze.

Risulta più rassicurante la proposta di non aspettare il consiglio orientativo come una specie di sentenza inappellabile, ma di confrontarsi subito con gli insegnanti. Un'occasione utile per migliorare il proprio percorso scolastico.

Qualche preoccupazione nasce dopo una breve riflessione sulle richieste e sui criteri utilizzati, nella selezione delle domande, da alcuni istituti superiori, con particolare riferimento all'utilizzo del consiglio orientativo, ma su questo punto il gruppo è abbastanza informato.

Si passa ai genitori. Racconto uno dei tanti episodi vissuti nel mio ufficio.

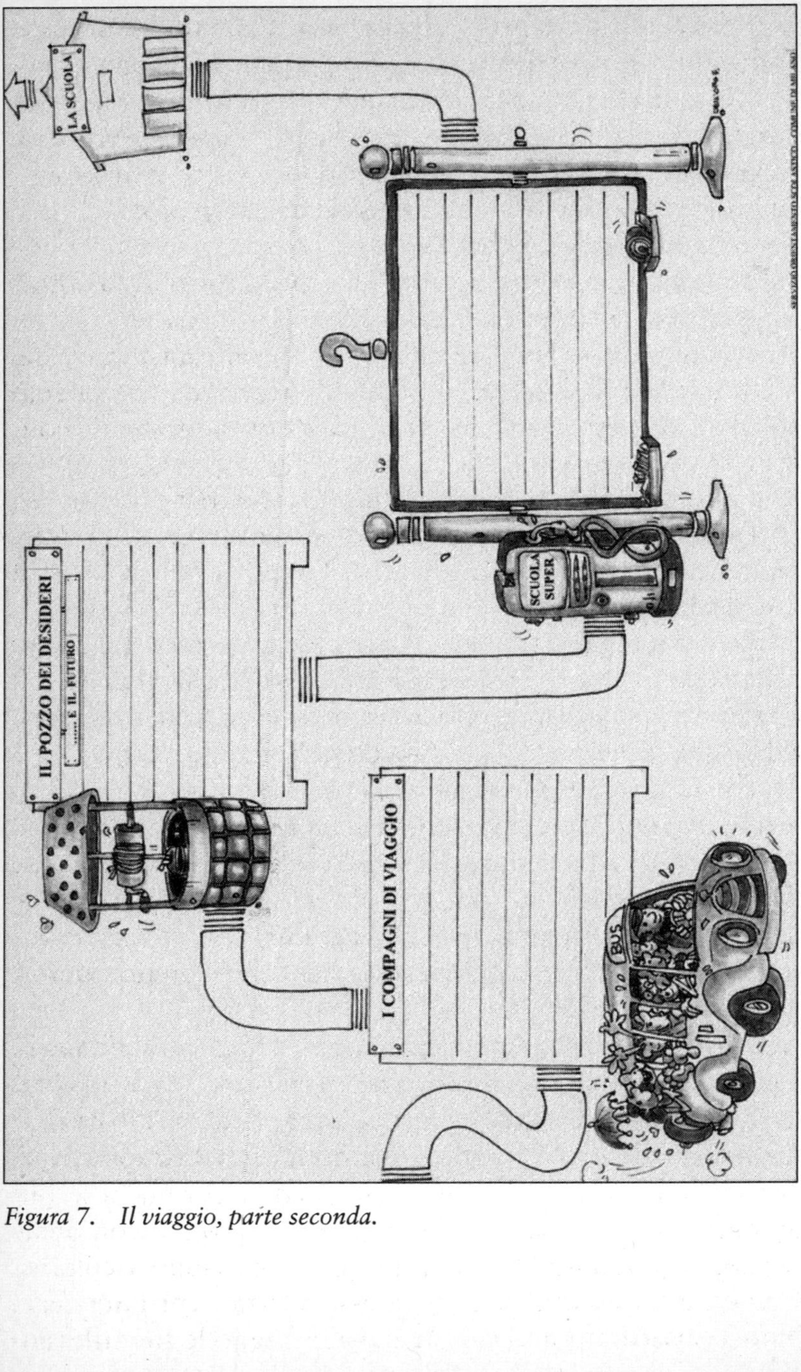

Figura 7. Il viaggio, parte seconda.

Enrico, un ragazzino di terza media, è interessato al corso di Informatica e telecomunicazioni dell'istituto tecnico. Non ha dubbi, ma le resistenze dei genitori sono forti. Il papà sentenzia: "Enrico deve fare lo scientifico!". La mamma ha un parere diverso: "Non se ne parla proprio. È bravissimo nelle lingue straniere. Deve scegliere un liceo linguistico!".

Con una piccola provocazione chiedo al gruppo: "E se i vostri genitori, come nel caso di Enrico, non fossero d'accordo sulla vostra scelta?".

Potete immaginare il contenuto del confronto in classe. Alcuni studenti dimostrano grande sicurezza: "Scegliamo noi. Punto!". Altri, più prudenti, si dicono disposti a confrontarsi con papà e mamma.

"E se i genitori," insisto, "non cambiano parere?"

Ci sono reazioni simpatiche, qualche innocente sfottò, ma anche risposte accompagnate da qualche gesto di pura insofferenza.

In un incontro tenuto presso la scuola media Majno, nella sede di Porta Romana, Sofia risolse brillantemente il problema dei genitori con parere diverso con una semplice proposta: "Portiamoli dallo psicologo!".

Forse l'avete già capito, ma lasciatemi dire che è veramente divertente lavorare con questi ragazzi!

Sul quadro grafico (figura 7), faccio scrivere la seguente frase: "I compagni di viaggio sono molto importanti. Noi dobbiamo essere i principali protagonisti della scelta scolastica, ma questa scelta deve essere qualificata con una straordinaria capacità di...". E mi fermo.

Creo un po' di attesa per un nuovo racconto che inizio con una simpatica provocazione: "Ieri sera, con il mio telecomando, ho seguito, su diversi canali, alcuni dibattiti in televisione. Discutevano di sport e di politica. Ora, poiché so che anche voi avete modo di seguire, magari per pochi secondi, queste trasmissioni, avrete sicuramente notato con quale sensibilità gli adulti parlano fra loro. Come sanno ascoltarsi. Come sanno ascoltare, in religioso silenzio, chi interviene. Non lo interrompono mai. Anzi, valorizzano le sue riflessioni dicendo: "Hai detto una cosa importante. Sai che non ci avevamo proprio pensato...".

Volete sapere, a questo punto, cosa succede in classe? È come un test divertente sui vari livelli di maturazione.

La reazione più comune: una risata quasi generale.

Non mancano sorrisi di sufficienza e qualche timido accenno a qualche gestaccio, forse un po' precoce, ma con un messaggio inequivocabile: "Prof, ci sta prendendo per il...?".

Qualche studente rimane perplesso. Mi colpisce un maschietto del secondo banco. Con la bocca aperta e gli occhi sgranati, sembra dirmi: "Davvero?".

Alle ragazze e ai ragazzi che incontro ricordo sempre cosa diceva il buon Popper: la televisione è una cattiva maestra.

Spiego loro che diventa sempre più difficile trovare qualche programma intelligente e che questa benedetta/maledetta scatola magica, troppe volte, è fuorviante. Presenta una realtà aproblematica. Vuota di riferimenti ai valori e alla realtà quotidiana. Anche nei messaggi più banali. La casalinga, con i tacchi a spillo, truccata ed elegantissima, con il prodotto RZ, in pochi secondi pulisce a specchio la cucina. E, solo per carità di patria, lasciamo perdere quello che avviene... su certe isole o in fantomatiche case.

Su questo argomento il nostro Checco si è già espresso e molto chiaramente.

Poveri noi! In certe trasmissioni, lo share è sicuramente alto ma il cervello è spesso in libera uscita. Irraggiungibile.

Siamo al cuore della mia comunicazione. Lascio questo messaggio, con qualche scusa anticipata per il linguaggio un filo prosaico: "Care ragazze e cari ragazzi, non fatevi rincoglionire dalla televisione! Usate sempre il cervello che è quella cosa che vi garantisce attenzione e capacità critica. Voi siete le nuove generazioni. Sarete migliori di noi. Potrete utilizzare le nostre esperienze, i successi che abbiamo ottenuto, ma anche i nostri errori. Dovrete difendere alcuni valori che sono seriamente minacciati...". Ora possiamo riprendere e concludere la frase che avevamo lasciato in sospeso: "...noi dobbiamo essere i principali protagonisti della scelta scolastica, ma questa scelta deve essere qualificata con una straordinaria capacità di... ascolto!". E aggiungo: "...di rispetto delle persone e di buona educazione".

La difficoltà e la sorpresa di alcuni studenti nel collegare le ultime parole al tema dell'orientamento, mi induce a richiamare la loro attenzione: "Quando si parla di orientamento scolastico si pensa sempre alla scelta di un corso di studi. Attenzione! In gioco non c'è solo una scelta scolastica, comunque da effettuare con consapevolezza. C'è molto di più. In gioco c'è la qualità della vostra vita. Della società nella quale, come donne e come uomini, dovrete assumere delle responsabilità a livello familiare, professionale e sociale".

Il pozzo dei desideri scatena le fantasie e i progetti più incredibili.

Passeggiando fra i banchi, ne leggo alcuni: voglio fare il chirurgo plastico, il calciatore, il commercialista, l'avvocato, lo chef, il programmatore di videogiochi, l'elettricista, il giocatore di basket nella Nba, la giornalista.

Il nostro ragazzino del secondo banco, con convinzione, ha scritto: "Da grande farò l'astronauta!". Facciamo una scommessa? E, comunque, mai dire mai.

Siamo all'ultimo messaggio: "Se avete un desiderio, fatelo crescere, innaffiatelo. I desideri possono realizzarsi. Serve determinazione, un po' di fortuna e, almeno per i primi tempi, è indispensabile avere anche dei sogni di riserva".

I sogni di riserva scatenano un'altra interessante discussione.

Alcuni studenti confermano che i loro genitori hanno fatto diverse attività prima di riuscire a ottenere il lavoro desiderato.

Io stesso racconto le mie prime esperienze di lavoro.

Verso la fine degli anni sessanta, come apprendista muratore in un istituto a Massa Marittima, in Toscana. Con Luigi e Beppe, due compagni del liceo, ci siamo specializzati nel demolire muri e nel portare carriole piene di malta al capo muratore per costruire un campo di basket. Tre anni dopo, sempre Luigi, un carissimo amico che mi ha aiutato molto in una fase cruciale della vita, ma pericolosissimo per una naturale inclinazione agli scherzi, mi trova l'opportunità di lavorare in qualità di inserviente e infermiere in un ospedale di Monza. Un'esperienza forte, con molti lati positivi e con qualche errore di gioventù, ma che ha segnato profondamente la mia vita e che mi ha permesso, qualche anno dopo, di dedicarmi all'insegnamento.

Siamo alla fine del nostro viaggio.

Chiedo a tutti i presenti: "Ci può essere una relazione fra i desideri e la scelta di un corso di studi?". Le risposte non sono scontate come potremmo immaginare. I "sì" sono prevalenti, ma si colgono anche alcuni "no" e qualche apprezzabile distinguo.

È il momento dell'indagine da condurre con grande attenzione e sensibilità. È importante capire, già in seconda media, che tipo di informazioni hanno acquisito gli studenti, che corsi hanno individuato, se hanno delle indecisioni e così via. Occorre, soprattutto, rassicurare coloro che annaspano e sono in piena confusione.

Non mancano coloro che, pur avendo già qualche idea, dicono di non sapere cosa scegliere. Sono solo fortemente preoccupati del giudizio degli insegnanti.

È per questo motivo che, in qualche caso, invito gli insegnanti presenti a lasciare l'aula, anche se per pochi minuti. A volte, sono gli insegnanti stessi che, spontaneamente, decidono di uscire.

La situazione ideale? L'insegnante e l'esperto esterno devono rimanere insieme in classe per raccogliere il parere di tutti gli studenti, ma non devono mai banalizzare o criticare le loro scelte. Bisogna, soprattutto, evitare di creare situazioni imbarazzanti o di disagio.

I formatori, almeno in questi incontri, devono disinnescare la paura dell'errore e del giudizio dell'adulto. Le ragazze e i ragazzi delle scuole medie di primo grado, nel nostro caso quelli della II B, devono avere la certezza di trovarsi nel posto giusto, cioè in una scuola dove possono riflettere, discutere e orientare le loro scelte. Magari modificandole. Ma con serenità e consapevolezza.

È un'occasione troppo importante per riflettere con loro, per comprendere in base a quali motivazioni o informazioni hanno preso una determinata decisione. Sono interessati a qualche particolare materia? Alle attività di laboratorio? Come immaginano quel corso di studi che vorrebbero scegliere? Si sono chiesti che tipo di impegno richiederà? È una scelta che richiama un loro desiderio di futuro professionale? Hanno già individuato la scuola, l'istituto? Le informazioni sono state acquisite con il classico passaparola? Per reti amicali? Quanto ha inciso il parere dei genitori? È stato utile? Ci sono state pressioni?

È il momento di utilizzare le nostre chiavi di ingresso e di entrare nel mondo della scuola secondaria di secondo grado (figura 8). Con le ragazze e i ragazzi della II B, lo faremo in un secondo incontro.

E, per oggi, va bene così.

Non sempre succede ma quando scatta l'applauso finale, spontaneo, da parte degli studenti, ci si rende conto di aver fatto un buon lavoro.

Lo senti, è un applauso che ogni studente rivolge anche agli altri studenti. È un applauso per tutto il gruppo, soddisfatto di aver fatto un bel gioco di squadra e un "viaggio" interessante e utile.

Mentre lascio le ragazze e i ragazzi della II B, penso e mi convinco sempre di più che abbiamo messo in soffitta troppo presto il linguaggio dell'affabulazione, la parola, il gesto, le storie, i racconti e le favole. Funziona sempre e, con i dovuti aggiustamenti, a qualsiasi età.

Se ci pensiamo bene, è il linguaggio delle emozioni. Sicuramente è il linguaggio degli adolescenti, ma forse è anche un linguaggio universale da recuperare, e in fretta.

Alla faccia delle tecnologie più sofisticate.

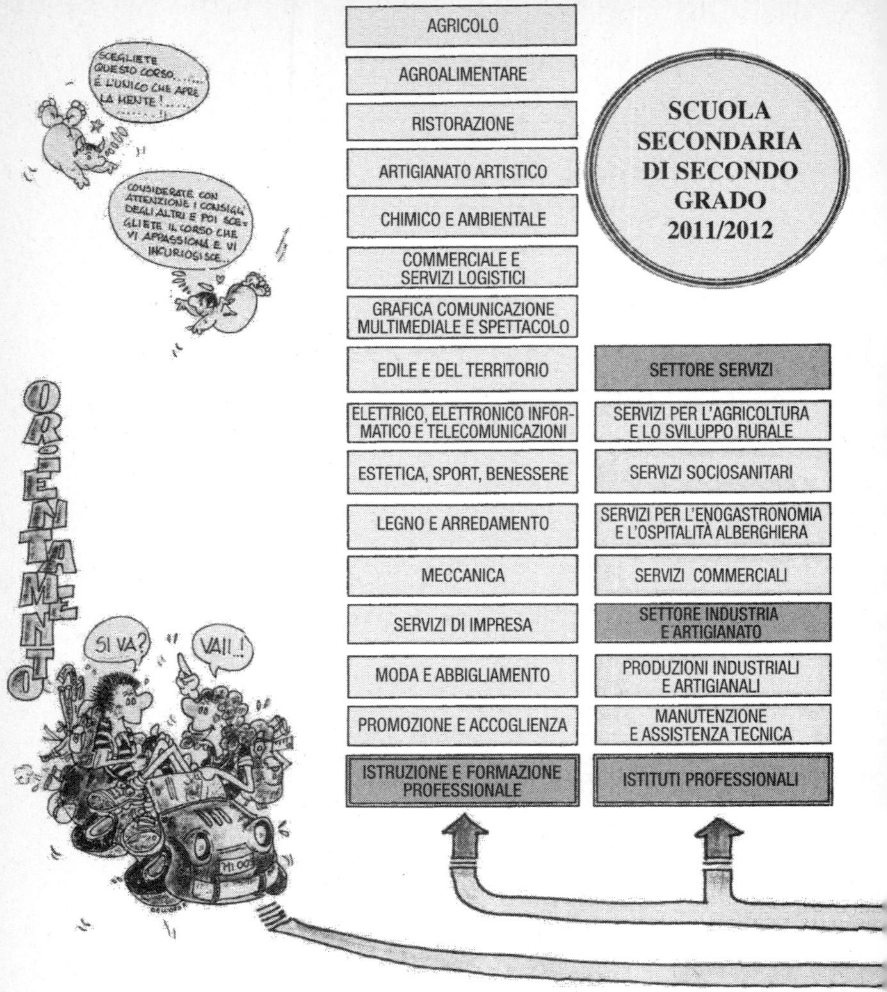

Figura 8. La scuola secondaria di secondo grado. Gli indirizzi.

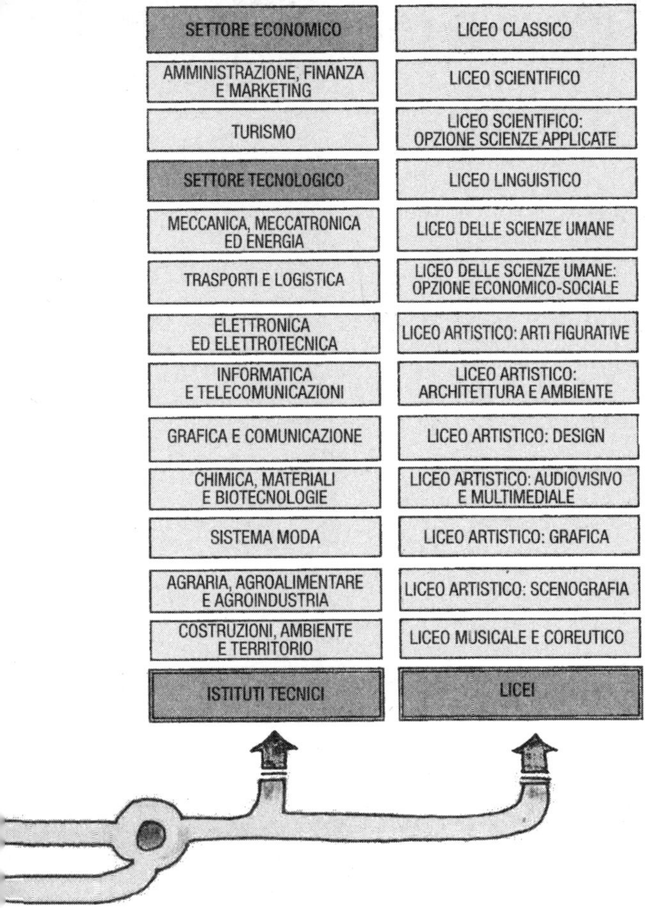
SETTORE ECONOMICO
AMMINISTRAZIONE, FINANZA E MARKETING
TURISMO
SETTORE TECNOLOGICO
MECCANICA, MECCATRONICA ED ENERGIA
TRASPORTI E LOGISTICA
ELETTRONICA ED ELETTROTECNICA
INFORMATICA E TELECOMUNICAZIONI
GRAFICA E COMUNICAZIONE
CHIMICA, MATERIALI E BIOTECNOLOGIE
SISTEMA MODA
AGRARIA, AGROALIMENTARE E AGROINDUSTRIA
COSTRUZIONI, AMBIENTE E TERRITORIO
ISTITUTI TECNICI
LICEO CLASSICO
LICEO SCIENTIFICO
LICEO SCIENTIFICO: OPZIONE SCIENZE APPLICATE
LICEO LINGUISTICO
LICEO DELLE SCIENZE UMANE
LICEO DELLE SCIENZE UMANE: OPZIONE ECONOMICO-SOCIALE
LICEO ARTISTICO: ARTI FIGURATIVE
LICEO ARTISTICO: ARCHITETTURA E AMBIENTE
LICEO ARTISTICO: DESIGN
LICEO ARTISTICO: AUDIOVISIVO E MULTIMEDIALE
LICEO ARTISTICO: GRAFICA
LICEO ARTISTICO: SCENOGRAFIA
LICEO MUSICALE E COREUTICO
LICEI

Capitolo 11

I nuovi ordinamenti

La scuola secondaria di secondo grado: brevi cenni

Nell'anno scolastico 2010/2011 sono stati avviati i corsi dei nuovi ordinamenti della scuola secondaria di secondo grado.

Il sistema formativo e i corsi previsti diventano il tema centrale degli incontri con gli studenti di terza media.

Ecco gli indirizzi formativi: i corsi di istruzione e formazione professionale, gli istituti professionali, gli istituti tecnici e i licei.

I corsi Ifp (Istruzione e formazione professionale)

Sono più noti come "Corsi regionali".

Hanno una particolarità: sono gli unici a prevedere delle tappe intermedie in un percorso che, in alcuni indirizzi, si organizza anche a livello quinquennale.

Al terzo anno viene rilasciato un attestato di qualifica professionale di secondo livello europeo. È un titolo professionale riconosciuto dalla Regione Lombardia e da tutte le Regioni italiane. I riconoscimenti del Parlamento e del Consiglio europeo richiamano i livelli del quadro delle qualifiche di formazione professionale valido per tutti gli stati membri.

Al quarto anno, è possibile acquisire un diploma professionale tecnico nell'indirizzo scelto, con una corrispondenza al terzo livello europeo.

Nell'anno scolastico 2010/2011, in via sperimentale, è stato avviato un quinto anno che, doti permettendo, verrà esteso in più centri.

Durante il quinto anno è prevista una collaborazione con alcuni istituti superiori che diventeranno, almeno in questa fase, la sede nella quale gli studenti si recheranno per sostenere l'esame di stato.

I corsi di formazione professionale vengono interpretati come il rifugio dei giovani a rischio.

Non mancano situazioni critiche ma conosco centri di eccellenza, con insegnanti appassionati del loro lavoro. In diverse occasioni ho potuto apprezzare la disponibilità e la competenza di Paolo, Cristina, Paola (la preside, ossia la "strega principale") e di altri docenti che incontriamo e sentiamo spesso nella nostra quotidiana attività di formazione. Sono quei docenti che definisco "un porto sicuro" e che mi portano a definire un centro di formazione professionale come una scuola che "avendo i piedi per terra, può far volare," valorizzando persone, talenti, troppo in fretta banalizzati o giudicati inadeguati da una scuola vecchia.

Il repertorio delle aree e delle qualifiche professionali, approvato nella conferenza unificata del 27 luglio 2011 e recentemente integrato dall'accordo stato-regioni e le province autonome di Trento e Bolzano del 19 febbraio 2012, prevede quanto segue:

Area Agroalimentare

- Operatore agricolo (allevamento animali domestici, coltivazioni arboree, erbacee ortofloricole, silvicoltura e salvaguardia dell'ambiente)
- Operatore della trasformazione agroalimentare
- Operatore del mare e delle acque interne

Area Manifatturiera e artigianato

- Operatore delle produzioni chimiche
- Operatore delle lavorazioni artistiche
- Operatore del legno
- Operatore dell'abbigliamento
- Operatore delle calzature

Area Meccanica, Impianti e Costruzioni

- Operatore elettrico
- Operatore elettronico
- Operatore alla riparazione dei veicoli a motore (...parti e sistemi meccanici ed elettromeccanici del veicolo e riparazioni di carrozzeria)
- Operatore di impianti termoidraulici
- Operatore meccanico
- Operatore edile
- Operatore del montaggio e della manutenzione di imbarcazioni da diporto

Area Cultura, Informazione e Tecnologie informatiche

- Operatore grafico (stampa e allestimento, multimedia)

Area Servizi commerciali

- Operatore ai servizi di vendita
- Operatore amministrativo-segretariale
- Operatore dei sistemi e dei servizi logistici

Area Turismo e Sport

- Operatore della ristorazione (preparazione pasti e servizi sala e bar)

- Operatore ai servizi di promozione e accoglienza (strutture ricettive e servizi del turismo)

Area Servizi alla Persona

- Operatore del benessere (acconciatura, estetica)

Gli istituti professionali

Dal 2010/2011, a partire dai nuovi iscritti al primo anno, non è più prevista la possibilità di acquisire il diploma di Qualifica professionale alla fine del terzo anno. I corsi quindi avranno solo uno sviluppo quinquennale.

Il fatto che in molti istituti professionali siano stati avviati anche i corsi triennali di istruzione e formazione professionale dimostra quanto sia evidente un problema di ingegneria istituzionale che dovrà essere affrontato: la collaborazione e/o l'unificazione o l'integrazione fra centri e istituti professionali.

È un argomento spinoso in quanto richiama esperienze, opinioni e appartenenze diverse ma prima se ne parla e ci si chiarisce, meglio sarà per tutti.

Negli istituti professionali sono presenti due settori:

a. Servizi
b. Industria e Artigianato.

Il settore Servizi si suddivide in quattro indirizzi, con alcune articolazioni e opzioni:

1. Servizi per l'agricoltura e lo sviluppo rurale
   - Opzioni: Gestione risorse forestali e montane, valorizzazione e commercializzazione dei prodotti agricoli del territorio
2. Servizi sociosanitari
   - Arti ausiliarie delle professioni sanitarie ottico
   - Arti ausiliarie delle professioni sanitarie odontotecnico

3. Servizi per l'enogastronomia e l'ospitalità alberghiera
    - Enogastronomia
        - Opzione: Prodotti dolciari artigianali e industriali
    - Servizi di sala e vendita
    - Accoglienza turistica
4. Servizi commerciali
    - Opzione: Promozione commerciale e pubblicitaria

Il settore Industria e Artigianato si suddivide in due indirizzi:

1. Produzioni industriali e artigianali
    - Industria
        - Opzioni: Arredi e produzioni d'interni, produzioni audiovisive
    - Artigianato
        - Opzioni: Produzioni artigianali del territorio e produzioni tessili sartoriali
2. Manutenzione e assistenza tecnica
    - Opzioni: apparati, impianti e servizi tecnici industriali e civili, manutenzione mezzi di trasporto

Il diploma acquisito alla fine dei cinque anni di scuola consente di accedere all'università, agli istituti di Alta formazione artistica, musicale e coreutica (Afam),[68] agli istituti tecnici superiori e ai percorsi di Istruzione e formazione tecnica superiore.

Con i nuovi ordinamenti, i corsi degli istituti professionali vengono organizzati su 32 ore settimanali di lezione.

68 Sono Afam: le Accademie di belle arti, l'Accademia nazionale di arte drammatica, l'Accademia nazionale di danza, i Conservatori di musica, compresi gli Istituti superiori per le industrie artistiche (Isia) e gli istituti legalmente autorizzati a rilasciare titoli Afam.

Il 5 agosto 2009, l'Istat ha presentato un'indagine realizzata nel 2007 sui diplomati e il lavoro. Segnalo alcuni dati, consapevole delle criticità espresse dal mutato quadro socio-economico, soprattutto a partire dal 2008.

L'Istat comunica che a tre anni dal diploma, il 75% degli studenti che si sono diplomati negli istituti professionali lavora. L'occupazione è più elevata per quanti hanno intrapreso un indirizzo industriale: 81,2%. Una percentuale che si attesta al 72,7% per quanto riguarda i Servizi commerciali, turistici e pubblicitari.

In un'altra indagine "I diplomati e lo studio", realizzata sempre dall'Istat il 12 novembre 2009, si precisa che, a tre anni dal diploma acquisito nell'istituto professionale, il 28,8% degli studenti risulta iscritto all'università. Gli indirizzi più richiesti sono i seguenti: Politico-sociale (scelto dal 14,6% degli immatricolati con il diploma professionale), Economico statistico (13,9%), Medico (10,5%), Letterario (10,2%), Insegnamento (9%).

Indagini precedenti, sempre dell'Istat, confermavano un lento ma progressivo aumento dei tassi di successo (laurea) degli immatricolati con il diploma dell'istituto professionale e con valori che si attestavano fra il 30% e il 35%.

Con riferimento ai nuovi ordinamenti, abbiamo raccolto proteste e preoccupazioni da parte di molti docenti degli istituti professionali.

Viene fortemente criticata la riduzione delle ore di laboratorio già nel primo biennio e, in particolare, al quarto e al quinto anno, l'impossibilità di mantenere esperienze significative di stage in azienda. Opportunità che, nel previgente ordinamento, venivano garantite dalle previste 350/450 ore dell'area professionalizzante. Oggi cancellata dai nuovi ordinamenti e non adeguatamente sostituita dalle 132 ore di attività in alternanza scuola-lavoro.

Gli istituti professionali offrono un importante percorso di formazione ma dovrebbero essere ristabilite, al più presto, condizioni più adeguate per offrire quel mix di ore di formazione e di attività di laboratorio che ha sempre caratterizzato questi istituti, dando a molti studenti interessanti opportunità professionali ma anche la possibilità di continuare, con buoni risultati, nei corsi di specializzazione post-diploma o nei corsi universitari. Condizioni, peraltro, indispensabili per "assumere autonome responsabilità nei processi produttivi e di servizio" e per "collaborare costruttivamente alla soluzione dei problemi".[69] Competenze, d'altronde, auspicate (vedi nota) nei "desiderata" ministeriali.

Gli istituti tecnici

Si percepisce, in diverse scuole, una diffusa e incomprensibile sottovalutazione degli istituti tecnici, una scarsa conoscenza della loro organizzazione e una non adeguata considerazione dell'impegno richiesto.

L'organizzazione, lo studio, le materie da approfondire, l'approccio richiesto non solo pratico ma soprattutto teorico, richiedono una più attenta valutazione nella scelta di questi corsi che hanno rappresentato il *cursus studiorum* di molti professionisti affermati. Pensiamo, per esempio, ai vari Odifreddi, De Bortoli, Cofferati e a tanti altri.

È un'attenzione che, in particolare, non riesce a trovare spazio nella formulazione del consiglio orientativo, purtroppo appiattito su obsolete gerarchie scolastiche. Il modo più utilizzato è semplicemente folle e spesso suona così: "Nooo! Onestamente, suo figlio non può fare un liceo. Signora, lo iscriva a un istituto tecnico...".

Io lo definisco "un consiglio orientativo... a scendere". Siamo in presenza di un vero e proprio "bias"[70] della mente. Una sorta di blocco neuronale-scolastico che porta a non considerare adeguatamente le caratteristiche e la qualità dei

69 Allegato A (Profilo educativo, culturale e professionale dello studente a conclusione del secondo ciclo del sistema educativo di istruzione e formazione degli istituti professionali) del regolamento recante norme concernenti il riordino degli istituti professionali ai sensi dell'articolo 64, comma 4, del decreto legge 25 giugno 2008, n. 112, convertito in legge 6 agosto 2008, n. 133.

70 Espressione presente nel libro *L'illusione di sapere* di Massimo Piattelli Palmarini. Si fa riferimento alle illusioni cognitive, nelle quali cadiamo senza accorgercene e che producono errori di valutazione e quindi di comportamento.

corsi esistenti e a valutare più le difficoltà degli studenti che i loro stili cognitivi e i loro interessi. Con questi approcci e con queste rappresentazioni, purtroppo, si conferma l'idea di una scuola vecchia, avvolta da inestricabili ragnatele cognitive!

La scelta di un corso dell'istituto tecnico deve nascere anche da una informazione sulle materie, sulle attività di laboratorio e sull'impegno richiesto.

Utilizziamo la nostra esperienza, con esempi di vita e opportuni approfondimenti, per appassionare i nostri studenti. Magari stupendoli con alcune scoperte in campo tecnologico. Parliamo loro dei possibili sviluppi futuri in ambito formativo nei corsi universitari o di specializzazione, e a livello professionale raccontando quello che avviene in una azienda. Come si lavora in un team di lavoro. Con qualche riflessione sulle competenze e sulle gratificazioni.

Sono tanti e tali gli indirizzi previsti che c'è solo l'imbarazzo della scelta.

Negli istituti tecnici sono presenti due settori:

a. Economico.

b. Tecnologico.

Nel settore Economico troviamo due indirizzi con alcune articolazioni:

1. Afm
   - Amministrazione, finanza e marketing
   - Relazioni internazionali per il marketing
   - Servizi informativi aziendali
2. Turismo

Nel settore Tecnologico sono presenti nove indirizzi, con alcune articolazioni e opzioni:

1. Meccanica, meccatronica ed energia
   - Meccanica e meccatronica

  - Opzione: Tecnologie dell'occhiale e tecnologie delle materie plastiche
- Energia

2. Trasporti e logistica
   - Costruzione del mezzo
     - Opzioni: Costruzioni aeronautiche e costruzioni navali
   - Conduzione del mezzo
     - Opzioni: Conduzione del mezzo aereo, del mezzo navale, apparati e impianti marittimi
   - Logistica
3. Elettronica ed elettrotecnica
   - Elettronica
   - Elettrotecnica
   - Automazione
4. Informatica e telecomunicazioni
   - Informatica
   - Telecomunicazioni
5. Grafica e comunicazione
     - Opzione: Tecnologie cartarie
6. Chimica, materiali e biotecnologie
   - Chimica e materiali
     - Opzione: Tecnologie del cuoio
   - Biotecnologie ambientali
   - Biotecnologie sanitarie
7. Sistema moda
   - Tessile, abbigliamento e moda
   - Calzature e moda

8. Agraria, agroalimentare e agroindustria
   - Produzioni e trasformazioni
   - Gestione dell'ambiente e del territorio
   - Viticoltura ed enologia (specializzazione: enotecnico – sesto anno)
9. Costruzioni, ambiente e territorio
   - Costruzioni, ambiente e territorio
     - Opzione: Tecnologie del legno nelle costruzioni
   - Geotecnico

I corsi degli istituti tecnici sono organizzati con trentadue ore settimanali.

Il diploma acquisito alla fine dei cinque anni di scuola consente di accedere all'università, agli istituti di Alta formazione artistica, musicale e coreutica, agli istituti tecnici superiori e ai percorsi di Istruzione e formazione tecnica superiore.

Con riferimento alle citate indagini dell'Istat, possiamo acquisire le seguenti informazioni:

- A tre anni dal diploma, il 62,7% degli studenti lavora. Fra costoro ci sono anche studenti lavoratori.
- Il 52,5% dei diplomati negli istituti tecnici si immatricola all'università.

Gli indirizzi più scelti: Economico-statistico (20,7% del totale degli immatricolati con il diploma dell'istituto tecnico), Ingegneria (15,7%), Politico-sociale (11,5%), Giuridico (9,5%), Medico (6,2%).

Indagini precedenti, sempre dell'Istat, confermavano buoni tassi di successo degli immatricolati all'università con il diploma degli istituti tecnici e con valori che possiamo inserire fra il 48% e il 55%.

Negli istituti tecnici della scuola secondaria di secondo grado, ci sono corsi che esercitano una particolare attrattiva: Informatica, Grafica, Costruzioni ambiente e territorio, Elettronica, Aeronautica...

Negli incontri in classe troviamo studenti molto interessati ad alcuni indirizzi degli istituti tecnici, ma è abbastanza comune l'affermazione: "Mi piacerebbe, ma i miei genitori non vogliono".

I licei

"Se scegli un liceo, poi sei obbligato a iscriverti all'università perché altrimenti... non hai in mano niente." Questa considerazione, ancora abbastanza diffusa, non ha un gran fondamento. Non è utile e può creare solo problemi.

I formatori, insegnanti e genitori, devono invitare tutti i diplomati, non solo quelli dei licei, a iscriversi all'università e a sostenerli nel loro percorso di studio. Gli adulti, infatti, hanno la responsabilità e il dovere di dare una direzione agli adolescenti, ma, nella fase delle iscrizioni alle scuole superiori, devono evitare di caricare eccessivamente di significato la scelta scolastica. E per alcuni buoni motivi:

- L'idea di un corso di studi che si sviluppi dal primo anno della scuola superiore fino alla laurea può generare incertezze, preoccupazioni e, in qualche caso, disaffezione allo studio. La garanzia di una scelta a livello universitario non si promuove e non si costruisce esercitando eccessive pressioni nella scuola secondaria di secondo grado. Soprattutto all'inizio di questo percorso (fase delle iscrizioni) e soprattutto con alcuni studenti.
- L'Istat ci informa che il 26,8% degli studenti diplomati allo scientifico e al classico, a tre anni dal diploma, già lavora. Un dato che disaggregato presenta i seguenti valori: 27,8% per lo scientifico e 23,1% per il classico.

- Le aziende private nel 2011[71] hanno dichiarato di voler assumere 244.280 diplomati (livello secondario e post-secondario), di cui 2380 studenti dei licei. Sorprende, in particolare, la richiesta di 89.610 diplomati senza che venga precisato uno specifico diploma. È la conferma che le aziende private, pur apprezzando e valorizzando diplomi più specifici, danno molta importanza ad alcuni requisiti di professionalità: la capacità di lavorare in gruppo, la qualità nella relazione con i clienti, la capacità di lavorare in autonomia. E, quindi, non escludono affatto la possibilità, anche per i diplomati dei licei, di cercare e trovare lavoro.

Fatte queste precisazioni, è bene richiamare le caratteristiche del quadro generale. Secondo l'Istat, il 95% dei diplomati nei licei classici, scientifici e linguistici si iscrive all'università.

I corsi universitari che raccolgono le quote più consistenti di iscritti sono i seguenti: Gruppo giuridico 14,5%, Ingegneria 13,1%, Economico-statistico 11,0%, Politico-sociale 9,5%, Letterario 9,2%, Medico 7,7%. Sono soprattutto i diplomati dei licei scientifici e degli istituti tecnici a scegliere i corsi di Ingegneria. Il gruppo giuridico vede, invece, una maggiore partecipazione dei diplomati al liceo classico.

L'82% dei diplomati nei corsi dell'Istruzione magistrale[72] si iscrive all'università. L'indirizzo Politico-sociale è quello più scelto (18,7%). Segue l'Insegnamento (13,9%), il Linguistico (11%), il gruppo Letterario (9,8%), mentre gli immatricolati al gruppo Medico e Giuridico si assestano sull'8,4%.

Con riferimento al liceo artistico, il 46,2% dei diplomati ha scelto un corso universitario. Due sono i corsi più richiesti: il gruppo Letterario (32,3%) e Architettura (30,9%). Se-

71 Sistema informativo Excelsior 2010, indagine a cura dell'Unioncamere e del ministero del Lavoro.

72 Con l'espressione "istruzione magistrale" si fa riferimento ai seguenti corsi: l'indirizzo sociopsicopedagogico, Scienze sociali, Scienze della formazione e alcuni indirizzi a carattere umanistico-sociale.

guono gli immatricolati al gruppo Politico-sociale (6,4%), all'Insegnamento (4,7%) e al gruppo Giuridico (3,8%).

I licei dei nuovi ordinamenti sono i seguenti:

- Scientifico
- Scientifico Scienze applicate
- Linguistico
- Scienze umane
- Scienze umane opzione Economico sociale
- Classico
- Artistico
- Musicale e coreutico.

Alcune note generali:

- Agli studenti iscritti al quinto anno dei licei sarà impartito l'insegnamento in lingua straniera di una disciplina non linguistica. Esempio: studiare storia in lingua inglese. È il Clil (Content and Language Integrated Learning), un insegnamento che sarà anticipato al terzo e al quarto anno per gli iscritti al liceo linguistico.
- Superato l'esame di stato, previsto alla fine del quinto anno, è possibile accedere all'università, agli istituti di Alta formazione artistica, musicale e coreutica, agli istituti tecnici superiori e ai percorsi di Istruzione e formazione tecnica superiore.
- La quota di autonomia rimessa alle singole istituzioni scolastiche non può superare il 20% nel primo biennio, il 30% nel secondo e il 20% al quinto anno. Ogni disciplina non può essere ridotta in misura superiore a un terzo nell'arco dei cinque anni. La quota di autonomia è prevista, con valori diversi, in tutti gli istituti superiori e

può comportare alcune differenze nell'organizzazione del quadro orario-materie in istituti con lo stesso indirizzo formativo.

- Le sperimentazioni: prima dei nuovi ordinamenti, la possibilità di effettuare percorsi più approfonditi (Piano nazionale di informatica, seconda lingua, scienze, arte...) era assicurata da un aumento dell'orario base. Oggi, con le novità introdotte, tutti i possibili approfondimenti possono essere realizzati ma all'interno dell'orario stabilito. Tranne qualche rara eccezione e grazie a qualche congiunzione astrale fra l'organico di fatto e di diritto.

  La regola generale è la seguente: l'aumento delle ore di una materia comporta, inevitabilmente, una riduzione di un'altra materia.

- In tutti i licei è presente lo studio della filosofia. Platone e Aristotele dicevano che la filosofia nasce dallo stupore e dalla meraviglia. La filosofia è, soprattutto, la scienza delle domande. Non sarebbe il caso di inserirla in tutti i corsi della scuola secondaria di secondo grado? Avremmo cittadini più informati e, soprattutto, più tolleranti. Beniamino Brocca ci aveva già pensato ma, come dico spesso, la memoria e il cervello non riescono a comunicare.

I cambiamenti più significativi dei licei rispetto al previgente ordinamento:

Liceo scientifico
Orario settimanale: 27 ore nel biennio e 30 ore nel triennio.

Complessivamente nei cinque anni: 5 ore in meno di latino, 4 ore in più di matematica, 8 ore in più di fisica, chimica e scienze, 2 ore in meno di lingua straniera e 1 ora in più di italiano.

La matematica, nel primo biennio, è integrata con informatica.

Per scienze naturali si fa riferimento a biologia, chimica, scienze della Terra.

Possiamo dire, banalizzando un po', che il liceo scientifico diventa meno umanistico e più scientifico.

Rispetto alle sperimentazioni precedenti, è il corso di studi che si difende meglio. Pni e scienze, per esempio, possono essere riproposti anche se con un minore numero di ore. Rimane il problema della seconda lingua che, se attivata, in generale comporterà la riduzione di altre materie.

La scelta di alcuni istituti di attivare sezioni di bilinguismo ma a pagamento sembra più un segnale di sofferenza dei tempi che attraversiamo che un indicatore di qualità. Si conferma, in altri termini, il limite di una riforma che, in qualche caso, ha opportunamente semplificato alcuni indirizzi formativi (vedi liceo linguistico), ma che, in generale, ha impoverito la scuola pubblica.

Il liceo scientifico è un corso di studi impegnativo. Richiede, nelle materie che lo caratterizzano, interesse, intuizione e una certa disposizione all'algebra e, soprattutto, alla geometria.

Liceo scientifico opzione Scienze applicate

Orario settimanale: 27 ore nel biennio e 30 ore nel triennio.

La caratteristica principale che attira le scelte di molti studenti? Non c'è latino. Sostituito da informatica.

Lo definirei un parente lontano del liceo scientifico tecnologico (ex progetto Brocca o corsi dell'Autonomia). Si evidenzia, infatti, una riduzione significativa delle ore settimanali (nel confronto con il Brocca: da 34 ore a 27 ore settimanali) e delle attività di laboratorio, con particolare riferimento a fisica, chimica e biologia.

Conosco diversi docenti che, in questo corso di studi, stanno facendo i classici salti mortali per recuperare, almeno un po', le attività di laboratorio e di ricerca. Il loro umore: pessimo. I livelli di consapevolezza ministeriali: insufficienti e deludenti. Quasi irritanti.

Per scienze naturali si fa riferimento a biologia, chimica, scienze della Terra.

La presenza di una sperimentazione a indirizzo sportivo, attivata in alcuni istituti utilizzando la quota di autonomia, può indurre qualche studente a banalizzare questo corso di studi: "Vado al liceo sportivo!". Fermatelo! E controllate se nello zaino, oltre alla maglietta e alle scarpe da ginnastica, c'è anche qualche libro.

È un corso di studi impegnativo. Interessante. Offre una buona cultura generale ma richiede una buona attitudine alle discipline scientifiche: matematica, chimica, fisica e biologia. L'eventuale sperimentazione sportiva, con le sue 4 ore, può incentivare interesse e partecipazione, senza però dimenticare che ci sono altre 23 ore con materie diverse. È, non dimentichiamolo, un liceo scientifico.

Liceo linguistico

Orario settimanale: 27 ore nel biennio e 30 ore nel triennio.

Le maturità linguistiche precedenti (corsi Brocca, Autonomia, Circolare 27...) confluiscono tutte nel nuovo liceo linguistico.

Lo studio delle tre lingue straniere è previsto già dal primo anno e sarà sostenuto da 33 ore annuali di conversazione con il docente di madrelingua.

Il Clil assume una organizzazione diversa rispetto agli altri licei. Dal terzo anno fino al quinto è previsto l'insegnamento in lingua straniera di una disciplina non linguistica. Insegnamento previsto anche al quarto e al quinto anno ma in una diversa lingua straniera.

Il corso di latino è attivato solo nei primi due anni. La matematica, nel primo biennio, è integrata con informatica.

Per scienze naturali si fa riferimento a biologia, chimica, scienze della Terra.

Non è difficile individuare gli studenti ai quali consigliare questo corso di studi. A scuola si incontrano ragazze e ragazzi che manifestano una straordinaria capacità e facilità nell'apprendimento delle lingue straniere. Il liceo linguistico può essere interpretato come un corso a indirizzo, nel senso che può confluire naturalmente in alcuni corsi universitari di Traduttore e interprete, di Mediazione linguistica o nel tradizionale corso di Lingue straniere, ma può garantire, comunque, la possibilità di scegliere fra un'ampia gamma di corsi non specificatamente a indirizzo linguistico.

Liceo classico
Orario settimanale: 27 ore nel biennio e 31 ore nel triennio.

È il corso che cambia di meno. Mantiene, dopo tante discussioni, la sua tradizionale struttura: quarta e quinta ginnasio e i tre anni del liceo.

Rispetto al previgente ordinamento, lo studio della lingua straniera, garantita in questi anni da una sperimentazione, passa a ordinamento.

Gli studenti troveranno, nell'arco dei cinque anni, 1 ora in più di matematica, 2 ore in più di arte, 2 ore in meno di italiano, 1 ora in più di scienze e, infine, due ore in meno di storia e geografia.

La matematica, nel primo biennio, è integrata con informatica.

Per scienze naturali si fa riferimento a biologia, chimica, scienze della Terra.

Agli studenti faccio sempre questa domanda: quanto vi piace scrivere? Leggere? Riuscite ad apprezzare un racconto? A emozionarvi leggendo una poesia? Fare una ricerca? Caratteristiche che non devono essere interpretate come requisiti esclusivi per il liceo classico ma che per questo corso di studi aiutano particolarmente.

Usando le gerarchie scolastiche, infatti, diciamo che rientra nei corsi più impegnativi. È soprattutto un corso che richiede, alle ragazze e ai ragazzi che lo scelgono, di tenere il culotto sulla sedia a studiare qualche ora in più nell'arco della settimana. È un corso di studi che, se non vissuto in sofferenza, può risultare coinvolgente e affascinante.

Occorre, a questo proposito, una più attenta riflessione da parte degli studenti ma anche dei docenti. Ho chiesto a un ragazzino di terza media: "Come mai hai scelto il liceo classico?". Risposta: "Per forza, non sono bravo in matematica!". Una scelta di questo tipo può essere improduttiva e ad altissimo rischio se ha come presupposto la convinzione che il liceo classico e il liceo scientifico siano gli unici corsi esistenti o gli unici che meritano di essere considerati.

Liceo delle scienze umane

Orario settimanale: 27 ore nel biennio e 30 ore nel triennio.

Rientrano in questo liceo i corsi dell'indirizzo Sociopsicopedagogico, Scienze della Formazione e i corsi che, con un taglio umanistico-pedagogico, prevedevano il corso di latino e come materia centrale pedagogia.

Dopo una prima stesura, molto deludente e criticata, perché prevedeva lo studio delle scienze umane solo nel triennio e lo studio di due lingue straniere, con il nuovo assetto le scienze umane sono state inserite sia nel biennio (4 ore al primo e al secondo anno) che nel triennio (5 ore al terzo, quarto e quinto anno). Antropologia, pedagogia, psicologia e sociologia sono le materie che dovranno approfondire gli studenti di questo corso di studi.

Nei primi due anni troviamo anche diritto ed economia. Si studia una lingua straniera. La matematica, nel primo biennio, è integrata con informatica.

Per scienze naturali si fa riferimento a biologia, chimica, scienze della Terra.

È un corso interessante ma che andrebbe maggiormente valorizzato per le sue caratteristiche e non presentato come il corso di riserva per coloro che non possono seguire il liceo classico. Ah, le ragnatele!

Innumerevoli sono le possibilità e gli esempi utili per stimolare interesse e passione su questa area formativa. In presenza di studenti con grande sensibilità nei rapporti umani e nelle relazioni, con un interesse nelle aree professionali di riferimento (psicologia, scienze della formazione, insegnamento, sociologia, lingue, giurisprudenza, medicina e le professioni sanitarie...), con la capacità di partecipare alla vita del gruppo classe, si possono presentare alcune condizioni utili per analizzare e approfondire le caratteristiche di questi indirizzi formativi.

Scienze umane opzione Economico sociale
Orario settimanale: 27 ore nel biennio e 30 ore nel triennio.

Il liceo delle scienze umane è noto agli studenti perché non c'è il latino.

In questo corso di studi confluisce il liceo delle scienze sociali. Si mantengono, infatti, le previste due lingue straniere.

Diritto ed economia politica sono presenti per cinque anni.

Le scienze umane, con 3 ore settimanali in tutti e cinque gli anni, sono le seguenti: antropologia, metodologia della ricerca, psicologia e sociologia.

La matematica, nel primo biennio, è integrata con informatica. Per scienze naturali si fa riferimento a biologia, chimica, scienze della Terra.

Un buon corso di studi che alcuni studenti, pensando che sia più facile, sottovalutano solo perché non c'è il latino. Si potrebbe dire che ha un taglio un po' più scientifico rispetto al corso di scienze umane ma richiama, a pieno titolo, l'area formativa e professionale di riferimento.

Liceo artistico
Il liceo artistico si organizza con 34 ore nel biennio e 35 ore nel triennio.

Si determina una riduzione delle ore settimanali rispetto, per esempio, a quelle previste nei corsi del progetto Leonardo: 40 ore nel biennio e 38 nel triennio.

Rientrano in questo liceo diversi indirizzi e/o progetti precedenti. Ne citiamo solo alcuni: Progetto Leonardo, Progetto Michelangelo, i corsi di Maturità d'arte applicata, il liceo artistico tradizionale con le sezioni Accademia e Architettura.

Ecco i nuovi indirizzi: Arti figurative, Architettura e ambiente, Design, Audiovisivo e multimediale, Grafico e scenografia.

Alcuni dirigenti scolastici e docenti dell'artistico ritengono che non sia indispensabile saper disegnare per iscriversi a questo liceo, precisando che "il disegno è la grammatica del segno" e che, quindi, "si può imparare a disegnare".

Può essere. Conosco esempi che confermano tale parere. Meglio, tuttavia, se gli studenti che sono interessati a iscriversi al liceo artistico hanno il dono, il talento del disegno e anche altro.

Mi riferisco a quella voglia, quasi incontrollabile, di disegnare, di raffigurare paesaggi, nature morte, volti, persone e cose. A quel desiderio irrefrenabile di cogliere e fissare un particolare di una persona che incontriamo sul tram, in metropolitana o per strada. A quella cosa che senti dentro di te e alla quale devi dare subito forma. Non riesci proprio ad aspettare. Ma anche a quell'emozione che si prova nel rappresentare un'idea, uno scenario fantastico.

Un mio insegnante del liceo si soffermò con noi alcune ore ad analizzare le caratteristiche della *Pietà* di Michelangelo: il volto della Vergine, il manto, il corpo inanimato del Cristo, la fragilità, la forza e la luce che l'avvolgeva.

Un invito alle ragazze e ai ragazzi che desiderano prendere in considerazione il liceo artistico: andate a visitare una mostra. Osservate i quadri, le statue, i capolavori degli artisti. Sentite dentro di voi la voglia di provarci, di imitare quei capolavori? Sentite nella vostra testa e nella vostra pancia un'emozione, il desiderio di memorizzare e di raccontare quello che state vedendo ai vostri amici, alle persone a voi più care?

Siete sulla strada giusta.

Liceo musicale e coreutico

Il liceo si articola nelle due sezioni Musicale e Coreutica. L'obiettivo è quello di garantire agli studenti l'apprendimento delle tecniche e della pratica della musica e della danza.

Nella provincia di Milano esistono solo due istituti che offrono la possibilità di iscriversi al liceo musicale: il Conservatorio Verdi e l'Istituto Tenca.

Assente il liceo coreutico.

Anche a livello nazionale, il ministero non si è certo dimostrato lungimirante nel garantire adeguate opportunità formative e utili risorse in questi importanti ambiti formativi e professionali, escludendo di fatto la possibilità di valorizzare molti talenti.

Difficoltà e resistenze incomprensibili, soprattutto, se rapportate alla creatività artistica che il nostro paese ha sempre espresso, raccogliendo consensi e un'alta considerazione a livello internazionale.

Conclusioni

Quello che provo ripensando alla mia esperienza di studente, quello che mi è rimasto dentro, fatti i debiti distinguo (epoca, contesti, metodi di insegnamento, persone e relazioni...), ricorda ciò che mi raccontano, quotidianamente, le ragazze e i ragazzi delle scuole secondarie di secondo grado.

Anche loro mi parlano di storie, di difficoltà, di delusioni, di successi, di emozioni, di docenti straordinari e di altri che, senza mezzi termini, giudicano incompetenti e ottusi. Ma anche di genitori che nel percorso adolescenziale e scolastico riescono a confermarsi come i compagni di viaggio più qualificati. A volte, meno.

Michel de Montaigne lo aveva compreso molto bene: "Ma in verità mi rendo conto solo di questo: che la maggiore e più grave difficoltà della scienza umana par che s'incontri proprio là dove si tratta dell'educazione e dell'istruzione dei fanciulli".[73]

La scuola e la famiglia sono due luoghi cruciali nella costruzione dell'identità delle persone. La formazione e l'educazione non si realizzano attraverso un processo unidirezionale, ma hanno buone probabilità di successo se l'azione formativa non viene intesa come un insieme di atti finalizzati solo alla crescita dell'educando.

Tutti devono mettersi in gioco: genitori, insegnanti e adolescenti.

73 M. de Montaigne, *Saggi. Dell'educazione dei fanciulli*, cit., cap. XXVI, p. 194.

Per i genitori e per gli insegnanti c'è un pianeta non facile da esplorare: la terra degli adolescenti. Con ragazze e ragazzi sensibili, appassionati, generosi, entusiasti, resistenti, antipatici, presuntuosi, superficiali e, a volte, irresponsabili. Mai banali.

La terra degli adolescenti è straordinaria ma, a volte, lontana e non facilmente raggiungibile dagli adulti.

Una terra nella quale gli adolescenti devono imparare a coniugare le esperienze di coloro che li hanno preceduti con quelle innovazioni che qualificano la loro generazione e il passaggio con quelle future.

Non è facile fare il genitore.

Ai genitori preoccupati e con qualche senso di colpa, per profonda convinzione ma anche per tranquillizzarli, dico spesso che noi adulti siamo tutti esperti dei figli degli altri. Con loro siamo logici, razionali, possibilisti, aperti e disponibili. È con i nostri figli che andiamo in crisi.

Non esiste il genitore perfetto. Non esiste il figlio perfetto.

Una cosa è certa: risulta poco produttivo perdersi nei sensi di colpa quando le cose non funzionano o nel momento del disastro. O in quello che a noi sembra tale.

Su un punto, tuttavia, possiamo e dobbiamo essere intransigenti: saper custodire e consolidare la capacità di riflettere sui nostri comportamenti e, nel caso, modificarli e ripartire. Consapevoli del nostro ruolo, con autorevolezza, sensibilità e capacità di ascolto.

I nostri figli sono prima di tutto degli adolescenti. Ragazze e ragazzi che vanno a scuola, trascorrendovi buona parte della giornata e della vita.

Il loro diverso modo di vivere, di pensare, le priorità che ispirano i loro comportamenti li portano a fare anche molti errori, ma sono dotati di capacità e di sensibilità che non sempre, noi adulti, riusciamo a cogliere e a valorizzare.

Qualche mese fa, a due genitori affranti, dissi: "State tranquilli, vostra figlia è un'anima bella". "Sarà..." mi rispose il padre, "ma a me sembra che faccia di tutto per dimostrare il contrario!"

I nostri figli sono le nuove generazioni e a loro dovremo passare il testimone. Pensarli come anime belle non è sempre facile, ma è l'unico percorso che ci permette di essere autorevoli, di sostenerli e valorizzarli.

Non è facile fare l'adolescente.

È entusiasmante ma anche molto complicato vivere questo periodo della vita.

Gli adolescenti, per sentirsi protagonisti delle proprie scelte e dei propri cambiamenti, devono imparare, nei processi di apprendimento scolastico e di crescita, a predisporre, gradualmente, un modello organizzativo con un sistema sempre più strutturato di regole e di valori. A fare fatica, facendo cose utili. A saper ascoltare e riflettere. A fidarsi di più di se stessi.

Gli adolescenti non temono il confronto o la relazione con genitori o insegnanti rigorosi. Pretendono riconoscimento. Hanno bisogno, come dell'aria che respirano, di sentirsi apprezzati e stimati. Devono avere la certezza che, anche nei momenti difficili, c'è sempre qualcuno che "fa il tifo per loro".

Non è facile fare l'insegnante.

Pochi riconoscimenti, una scarsa considerazione del ruolo sociale esercitato e una scuola che, con una drastica riduzione delle risorse, sta attraversando uno dei periodi più difficili della sua storia.

Esagero? Per convincermi del contrario, cominciamo a garantire alle scuole la carta igienica nei bagni e il necessario materiale di cancelleria senza richiederli ai genitori e agli insegnanti. Ma, soprattutto, diamo un numero non risibile di insegnanti di sostegno per gli studenti portatori di handicap e la possibilità di poter disporre di un numero adeguato di ore di attività di laboratorio da riequilibrare e integrare con le altre materie. Ore di laboratorio presenti, oggi, solo sulla carta e nei discorsi ufficiali.

Abbiamo assistito, in questi ultimi anni, a un impoverimento della scuola pubblica, a causa di una politica folle che, tagliando le risorse in modo lineare, ha dimostrato una totale incapacità nell'effettuare scelte coraggiose e nel sostenere priorità e valori indispensabili per governare il presente e per costruire il futuro e il destino di un popolo e di una nazione.

La scuola è un luogo di formazione. Non può venir meno al suo obiettivo principale, alle ragioni della sua esistenza: la formazione di base e la preparazione culturale delle persone.

La scuola è un luogo dove si va per imparare. Il luogo ideale, quindi, per coloro che sono in difficoltà e che rientrano nella categoria degli studenti cosiddetti "non bravi o problematici". Non possiamo, quindi, sempre cavarcela affermando che "tanto questi non studiano". La funzione di una scuola è quella di insegnare non tanto agli studenti cosiddetti bravi, perché, esagerando un po', costoro non avrebbero nemmeno bisogno di una scuola, ma agli studenti meno inclini all'apprendimento o che, addirittura, sono in grande difficoltà.

Benjamin Samuel Bloom riteneva che "una società che attribuisce tanto valore all'istruzione scolastica [...] deve trovare il modo di rendere l'istruzione più interessante e significativa per il singolo soggetto che apprende. Le società moderne non possono accontentarsi a lungo della selezione dei talenti; devono trovare i mezzi per riuscire a sviluppare i talenti".[74] Il pensiero di Bloom nasce da un concetto di base: la storia del soggetto è al centro del problema dell'apprendimento.

All'interno delle istituzioni scolastiche, a volte, sappiamo poco o nulla dei nostri studenti: "I contesti che pretendono

74 B.S. Bloom, *Caratteristiche umane e apprendimento scolastico* (1976), Armando Editore, Roma 1979, pp. 31-48.
Benjamin Samuel Bloom (Lansford, Pennsylvania, 1913-Chicago 1999), psicologo e pedagogista statunitense. Insieme a Robert Gagnè e Paul Guilford ha affrontato e approfondito i temi dell'educazione e dell'apprendimento. Molto noto per l'apprendimento per la padronanza (Mastery Learning) e la didattica come scienza. È stato docente presso il dipartimento di Educazione dell'Università di Chicago.

di accoglierci senza riconoscere uno spazio autentico al nostro desiderio di raccontarci sono destinati a fare i conti con la nostra resistenza ad aderirvi".[75]

Serve una scuola diversa, rinnovata. "Una riforma del pensiero," dice Morin.

Nel 1899 John Dewey, con i genitori di una scuola elementare, sosteneva: "Cosa si può fare, e in che modo, per portare la scuola in rapporto più stretto con la vita della casa e del vicinato, invece di avere nella scuola un luogo dove il ragazzo si reca soltanto per imparare certe lezioni [...] ciò che qui è in questione è l'unità dell'esperienza del bambino".[76]

Precisato che, nel nostro caso, non si fa riferimento alla scuola elementare (oggi scuola primaria), ritengo che nelle istituzioni scolastiche ed educative debba essere dato spazio anche alla normalità.

Una normalità intesa come sviluppo di un insieme di attività formative che devono contribuire a rappresentare la scuola come una parte integrante della propria esperienza di vita: formazione, laboratori didattici, gruppi di studio e di discussione, teatro, musica, cinema, laboratori artigianali, giornali di istituto e attività sportive.

Nel 1919, il Bureau International des Écoles Nouvelles (Bien) fissò un programma minimo con trenta punti indispensabili per sostenere e certificare la qualità delle scuole. All'undicesimo punto si legge: "La scuola nuova cerca di aprire lo spirito con una cultura generale del raziocinio più che con il far immagazzinare conoscenze imparate a memoria".[77]

Anche nei posti di lavoro, in questi ultimi decenni, le organizzazioni hanno compreso che la risorsa umana è centra-

---

75 L. Formenti, I. Gamelli, *Quella volta che ho imparato*, cit., p. 48.

76 J. Dewey, *Scuola e società* (1899), La Nuova Italia, Firenze 1951, pp. 129-138. John Dewey (Burlington, Vermont, 1859-1952), massimo esponente del movimento filosofico pragmatista. Nel 1896 fondò la University of Chicago Elementary School. Diede una impostazione filosofica e scientifica alla pedagogia. Tra le sue opere: *Il mio credo pedagogico*, *Scuola e società*, *La scuola e il fanciullo*, *Esperienza e educazione*, *L'arte come esperienza*, *Frontiera educativa*.

77 R. Fornaca, *Didattica e tecnologie educative*, cit., p. 216.

le e che, di conseguenza, "la formazione dovrà configurarsi più come un laboratorio che come una predisposizione ed erogazione di uno stoccaggio di saperi".[78]

Mi ripeto: non si diventa insegnanti solo perché ci si laurea all'università. Te lo devi sentire dentro. È lì che si annida il carisma.

La formazione delle persone richiama una grande, immensa responsabilità.

Il nostro sistema formativo non è all'anno zero. La scuola ha un patrimonio straordinario di esperienze.

Nelle attività di formazione e di consulenza nell'ambito dell'orientamento scolastico, ho sempre modo di incontrare e apprezzare dirigenti, insegnanti e operatori scolastici straordinari. Competenti e motivati. Esistono, ciononostante, situazioni critiche che devono essere superate.

Gli adolescenti, a volte, sono davvero disarmanti; tuttavia, le loro capacità, difficoltà e potenzialità richiedono non di essere mortificate ma sostenute e dirette.

A questo proposito, di nuovo, il filosofo monzese ci ricorda, nel caso ce lo fossimo dimenticati, che "non si dà apprendimento senza gratificazione emotiva, e l'incuria dell'emotività, o la sua cura a livelli così sbrigativi da essere controproducenti, è il massimo rischio che oggi uno studente, andando a scuola, corre".[79]

La scuola può trasformarsi in un luogo di formazione, in un vero laboratorio, se gli insegnanti si qualificano sempre di più come esperti dei processi di apprendimento e cioè come formatori.

Agli adolescenti di oggi, alle nuove generazioni dobbiamo lasciare una scuola rinnovata, rigorosa, accogliente, coinvolgente e di qualità. Una scuola con un respiro pedagogico.

78 G. Alessandrini, *Apprendimento organizzativo. La via del Kanbrain*, Edizioni Unicopli, Milano 1995, p. 34.

79 U. Galimberti, *L'educazione dell'anima obbligatoria a scuola*, "la Repubblica", 25 maggio 2002, p. 15.

Siamo ai saluti.

La vita quotidiana ci conferma, ogni giorno, che il villaggio globale delle informazioni e dei mercati è già una realtà, ma si prepara un futuro incerto: il villaggio globale della solidarietà e dei valori è ancora lontano.

Viviamo in un'Europa alla faticosa ricerca di una propria identità e in grande difficoltà a superare egoismi mascherati dalla difesa delle proprie radici e della propria cultura. È in questo nuovo contesto sociale, complesso e multietnico, che potranno risultare utili nuove acquisizioni e nuove esperienze, senza dimenticare, tuttavia, che spesso le soluzioni ci sono già state suggerite da coloro che ci hanno preceduto.

Ai genitori e agli insegnanti auguro di utilizzare, con sensibilità e professionalità, la propria esperienza, di dare direzione agli adolescenti trasmettendo conoscenze, regole e valori, nel rispetto dei loro fondamentali bisogni di competenza, di relazione e di autodeterminazione.

Alle ragazze e ai ragazzi delle nuove generazioni auguro di vivere con passione e impegno il periodo dell'adolescenza e l'esperienza scolastica. Ma anche, stelle e Padre eterno permettendo, un po' di fortuna.

Bibliografia

Giuditta Alessandrini, *Apprendimento organizzativo. La via del Kanbrain*, Edizioni Unicopli, Milano 1995.

Francesco Antinucci, *La scuola si è rotta. Nuovi modi di apprendere tra libri e computer*, Laterza, Roma-Bari 2001.

Peter Berger, Thomas Luckmann, *La realtà come costruzione sociale*, il Mulino, Bologna 1997.

Benjamin Samuel Bloom, *Caratteristiche umane e apprendimento scolastico* (1976), Armando Editore, Roma 1979.

Roberta Caldin, *Il bambino di tre-sei anni e la sua famiglia*, in Diega Orlando Cian (a cura di), *Il bambino protagonista. Quale educazione?*, Edizioni Unicopli, Milano1998.

Giorgio Canestri, Giuseppe Ricuperati, *La scuola in Italia dalla legge Casati ad oggi*, Editore Loescher, Torino 1985.

Edouard Claparède, *La scuola su misura*, La Nuova Italia, Firenze 1963.

Maria Grazia Contini, *Per una pedagogia delle emozioni*, La Nuova Italia, Firenze 1992.

Paolo Crepet, *Non siamo capaci di ascoltarli. Riflessioni sull'infanzia e l'adolescenza*, Einaudi, Torino 2001.

Tullio De Mauro, *Idee per il governo. La scuola*, Laterza, Bari 1995.

John Dewey, *Scuola e società* (1899), La Nuova Italia, Firenze 1951.

Françoise Dolto, *I problemi degli adolescenti*, Edizioni Tea Pratica, Milano 1998.

Giovanni Filocamo, *Mai più paura della matematica. Come fare pace con numeri e formule*, Kowalski-Apogeo, Milano 2009.

Laura Formenti e Ivano Gamelli, *Quella volta che ho imparato*, Raffaello Cortina Editore, Milano 1988.

Remo Fornaca, *Didattica e tecnologie educative*, Principato Editore, Milano 1985.

—, *Storia della pedagogia*, La Nuova Italia, Firenze 1993.

Célestin Freinet, *La technique Freinet*, in *Nascita di una pedagogia popolare*, La Nuova Italia, Firenze 1955.

Umberto Galimberti, *L'educazione dell'anima obbligatoria a scuola*, "la Repubblica", 25 maggio 2002.

—, *L'ospite inquietante. Il nichilismo e i giovani*, Feltrinelli, Milano 2008.

Daniel Goleman, *Intelligenza emotiva*, Rizzoli, Milano 1996.

S.J. Gould, *The mismeasure of man*, Norton, New York, citato in J.M. Darley, G. Sam, A.K. Ronald, *Psicologia*, il Mulino, Bologna 1991.

Istat, *Noi Italia – 100 statistiche per capire il Paese in cui viviamo*, 2012.

Istat, *Rapporto Istat 2011*.

William Heard Kilpatrick, *Il fondamento del metodo. Conversazione sui problemi dell'insegnamento*, La Nuova Italia, Firenze 1962.

Lucien Laberthonnière, *La teoria dell'educazione*, La Nuova Italia, Firenze 1968.

Raffaello Lambruschini, *Dell'Educazione*, in Mario Casotti (a cura di), *Della Educazione*, Editrice La Scuola, Brescia 1983.

Franco La Rocca, *Azione educativa e metodologia della ricerca pedagogica*, Dispense, Università di Verona 1994-1995.

Marco Lodoli, *Piccole belve da ammansire con il cuore*, "la Repubblica", 25 febbraio 2011.

Paola Mastrocola, *Togliamo il disturbo. Saggio sulla libertà di non studiare*, Guanda, Milano 2011.
Michel de Montaigne, *Saggi. Dell'educazione dei fanciulli*, a cura di Fausta Garavini, Adelphi, Milano 2007.
Edgar Morin, *La testa ben fatta. Riforma dell'insegnamento e riforma del pensiero*, Raffaello Cortina Editore, Milano 2000.
Maria Teresa Moscato, "Nuova Secondaria", n. 7, marzo 2002, Editrice La Scuola.
Daniel Pennac, *Diario di scuola*, Feltrinelli, Milano 2008.
Gian Piero Quaglino, *La formazione: concezioni a confronto*, a cura di B. Maggi, Etas Libri, Milano 1991.
Franca Quartapelle, *Proposte per una didattica modulare*, Irrsae Lombardia, Franco Angeli Editore, Milano 1999.
Massimo Recalcalti, *Lettera ad un professore. Come insegnare ai ragazzi il desiderio di nuovi mondi*, "la Repubblica", 29 aprile 2011.
Luigi Secco, *Dall'educabilità all'educazione, riflessioni pedagogiche*, Editore Morelli, Verona 1990.
Unioncamere e Ministero del Lavoro, *Indagine Sistema Informativo Excelsior 2010.*
Usr – Ufficio scolastico regionale per la Lombardia, *Dislessia e Dsa: strumenti compensativi e misure dispensative*, 2004.
Max Weber, *Concetti sociologici fondamentali*, in *Economia e società*, Editrice Comunità, Milano 1961.